W0355295

HAROLD FALTERMEYER

„AXEL F.", die Titelmelodie von „Beverly Hills Cop", machte Harold Faltermeyer Anfang der Achtziger weltberühmt und zum Wegbereiter des Synthesizer-Zeitalters. Er produzierte und komponierte für Legenden wie Donna Summer, die Pet Shop Boys und Udo Jürgens. „HOT STUFF" und „TOP GUN ANTHEM" sind Meilensteine der Popmusik. Der Grammy-Preisträger schrieb zudem Musicals wie „Wake up" und „Oktoberfest – The Musical". Doch Musik ist nur eine Leidenschaft des waschechten Bayern. Die zweite ist seine bayerische Heimat. In seinem Zuhause bei München kocht er für Familie und Freunde, braut sein Bier, macht seine Weißwurscht selbst, schreinert und malt Popart-Hirsche.

BIANCA FALTERMEYER

Harold Faltermeyers Tochter Bianca absolvierte eine Ausbildung zur Diplom-Illustratorin & Grafikerin an der freien Kunstwerkstatt München. Bei Red Bull verantwortete sie zwei Jahre lang Projekte in den Bereichen Film und Fotografie. Berufung und Leidenschaft der Münchnerin lagen allerdings immer im Zeichnen. An der Vancouver Film School ließ sie sich in 2D-Animation ausbilden, ihr Abschlussfilm wurde unter anderem in New York prämiert. Auch ihr Herz schlägt für ihre bayerische Heimat und so hat sie es sich nicht nehmen lassen, die Rezepte ihres Vaters und ihrer Familie in Bildern festzuhalten.

SWEET HOME BAVARIA

INHALT

HAROLD FALTERMEYER DER AUTOR

Warum schreibe ich ein Kochbuch über die bayerische Küche?

Weil sie die Küche meiner Familie ist, überliefert von einer Generation zur nächsten, gezeichnet von fetten und mageren Jahren, durch Kriegswirren hindurch, immer den Umständen angepasst. Es sind der nie vergessene Geschmack und die Küchenaromen aus meiner Kindheit. Das ist bei allen Menschen gleich. Heute noch, wenn ich zu meiner Mutter in die Küche komme, duftet es anders als in meiner Küche. Vor Kurzem habe ich die Gulaschsuppe meines Vaters nachgekocht, so wie ich sie in Erinnerung hatte. Und das ist mir offensichtlich derart gut gelungen, dass meine Mutter gesagt hat, sie schmecke genauso wie damals. Plötzlich waren meine ganzen Kinder- und Jugendjahre wieder da. Es ist großartig, dass das gespeichert ist und dass ich es auch weitergeben kann.

Die bayerische Küche hat eine ungeheure Erdigkeit. Das kommt mir sehr entgegen. Sie ist bodenständig, fast zu einfach, aber sauguat! Ich selbst koche nur bedingt nach den alten Rezepten. Ich nehme sie als Grundlage, gebe ihnen neue Impulse, verfeinere sie. Ich lasse Elemente einfließen, die nicht wirklich zur bayerischen Küche gehören, die es aber meines Erachtens verdient haben, in unsere Küche integriert zu werden, weil sie auch in die heutige Zeit und Lebensweise passen. Mit einem gewissen Aha-Effekt. Es gibt uralte, längst vergessene Gerichte, die ich neu interpretiere. Und es gibt Speisen, die ich auf meinen vielen Reisen und während meiner langen Amerikaaufenthalte probieren, kennen- und lieben gelernt habe. Mit ein bisschen Fantasie kann man sie wunderbar in unsere heimische Küche einbauen. Und wenn man gern isst – so wie ich – hat man auch das Bedürfnis, gut zu kochen.

In unserer Familie wurde schon immer gut gekocht und auch immer ein wenig anders als in der typischen bayerischen Wirtshausküche. Ursprünglich eine Frauendomäne – meine Mutter und unser Kindermädchen Romy haben alles und vieles gut zubereitet –, zeigte sich bei uns im Haus doch sehr schnell, wer der Herr in der Küche war. Mit dem Schild „Küchenchef Hugo Faltermeier" markierte mein Vater eindeutig sein Revier. Er hatte eine wahre Passion zum Kochen. Als mein Bruder Ralf später eine Kochlehre machte und in so renommierten Häusern wie dem Königshof in München und dem Quellenhof in Bad Ragaz arbeitete, hat er ihm ein Loch in den Bauch gefragt und die Antworten dann später umgesetzt. Schon mein Großvater war Feinschmecker. Als erfolgreicher Geschäftsmann reiste er viel und konnte sich vor dem zweiten Weltkrieg das ein oder andere auch leisten. Er kannte sich mit Rotweinen bestens aus und wusste einfach, was gut oder minderwertig war. Allem Essen stand er sehr kritisch gegenüber. Wenn zu Hause nicht gut genug gekocht wurde, hat er immer gesagt: „Heut hast wieder einen Mist 'zammkocht. Das Fleisch ist ja wie a Schuasohln, ungenießbar." Mit Fleisch war er extrem gschleckert, das habe ich von ihm geerbt. Bei mir hat das Kochen außerdem viel mit der Jagd zu tun, der ich eifrig nachgehe. Mit Wild habe ich mich viel beschäftigt, verschiedene Wege gesucht und gefunden, Wildbret zeitgemäß zu kochen und Speisen erdacht, die es vorher noch nicht gab. Die moderne Wildküche mit Niedrigtemperatur und kurz gebratenen Gerichten war immer mein Anliegen. Da muss man wissen, welches Stückerl für was gut ist.

Darüber hinaus hat mir meine Mutter sehr viel beigebracht. Sie ist eine Metzgermeisterstochter und wenn ich sie was gefragt habe, wusste sie sofort eine Antwort. Als ehemals professionelle Fleischfachverkäuferin erkennt sie noch heute an der Faser, von welchem Körperteil es kommt, weiß direkt um die Qualität des Fleisches, und sie erkennt sogar anhand der Farbe, ob das Tier jung oder älter war. Ich habe mir dieses Wissen mittlerweile auch angeeignet. Es ist nun mal die Voraussetzung für gutes Kochen, dass die Zutaten die besten sind.

Kochen ist wesentlich mehr, als die Rezepte zu lesen und das zu kochen, was im Buch steht. Ich habe noch nie nach Rezept gekocht. Deshalb war es für mich sehr schwierig, die Rezepturen aufzuschreiben, denn eine Handvoll Salz gibt es als Maßeinheit nicht. Vieles entsteht nach Information der Nase und des Gaumens. Man probiert, stellt fest, es ist zu wenig salzig, und handelt. Natürlich ist vieles Gefühlssache, aber für ein Kochbuch muss man ja ganz genau schreiben, so habe auch ich wieder was dazugelernt. Trotzdem rate ich, trotz genauester Beschreibung Augen, Nase und Gaumen zurate zu ziehen. Und ab und zu spielt sogar das Ohr eine Rolle. Wenn der Kaiserschmarrn singt oder die Dampfnudel, bei der man den Topfdeckel vorher nicht aufmachen darf, pfeift, weiß man, wann das Gericht fertig ist. Man muss einfach gut hinhören.

Dieses Kochbuch ist genau genommen ein Familienprodukt, auch mit Rezepten von Freunden, die einfach bei mir hängengeblieben sind. Ich bin froh, dass meine Tochter Bianca, die Diplom-Illustratorin und Grafikerin ist, klassische Animation in Vancouver studiert hat und mit Begeisterung fotografiert, meine Gerichte umgesetzt hat. Was mich immer wieder fasziniert, ist ihr großartiges Auge für Dinge. Mit ihr zu arbeiten ist sehr schön. Sie versteht mich, ich verstehe sie. Ab und zu krachen wir auch mal aneinander, weil wir unterschiedlicher Meinung sind. Das muss aber auch sein. Das ist Teil des kreativen Prozesses von zwei Künstlern, die Kochen und Essen zu ihren schönsten Hobbys gemacht haben.

Harold Faltermeyer

BIANCA FALTERMEYER
DIE FOTOGRAFIN

Warum habe ich dieses Kochbuch fotografiert?

Ich hatte vom ersten Moment an ein sehr gutes Gefühl bei unserem Projekt und habe den Freiraum, der mir für die Umsetzung und die Gestaltung gegeben wurde, sehr genossen. Mein Vater und ich verständigen uns in einer ganz eigenen Sprache. Wir sind uns nicht immer einig und haben beide unseren eigenen Kopf, das ist aber auch das Spannende daran. Wir ergänzen uns dadurch trotzdem sehr gut. Die Zusammenarbeit mit ihm hatte etwas Einzigartiges, sie war authentisch, ehrlich und sehr fröhlich. Ich stand ihm beim Schnabulieren im Weg, er mir beim Anblick des schön in Szene gesetzten Gerichts und seinem damit verbundenen Hunger im Licht. Die frisch zubereiteten Speisen im Anschluss an die Fotoproduktion wegzuschmeißen, kam für uns nicht in Frage. Ich hätte Schwierigkeiten gehabt, etwas umzusetzen, das nicht der Persönlichkeit meines Vaters entspricht oder keinen Bezug zu ihm hat. Zu wissen, dass all die damit verbundenen Geschichten, auch Teil meines Lebens und meiner Erinnerung sind, hat sicherlich auch ihren Teil dazu beigetragen.

Bayern bedeutet für mich Heimat, starke Verbundenheit und Familie. Die bayerische Küche ist für mich durch nichts zu ersetzen und alle Rezepte in diesem Buch prägen mich seit meiner Kindheit. Blaubeerkiachal und Kaiserschmarrn stehen weit oben auf meiner Favoritenliste, ebenso alle Gerichte mit Spotzn, Knödeln und Püree. Wir, das heißt mein Zwillingsbruder Florian, meine ältere Schwester Elena und ich, hatten das große Glück, von zwei sehr leidenschaftlichen Köchen großgezogen zu werden. Immer schon wurde bei uns daheim Kochen und Essen sehr stark zelebriert und gelebt. Ganz zu schweigen, die Mengenlehren der bayerischen Küche und die vielen Festlichkeiten. Wenn ich meinen Vater sagen höre, „Das schmeckt wie bei Tante Käthe." ist das Familientradition, die an uns, die nächste Generation, weitergegeben wird. Bis ich das vorgegebene Level beim Kochen erreicht habe, vergehen vermutlich noch ein paar Jahre. Dieses Lob allerdings eines Tages zu erhalten, wäre für mich wie eine Auszeichnung. Ich koche selber auch sehr gern, jedoch viel zu wenig und zu selten. Wenn es dann doch mal dazu kommt, dann am liebsten in Gesellschaft. Meine Hauptnahrung, Spaghetti in jeglicher Ausführung, ist zugegeben weniger bayerisch. Das Nudeldrehen habe ich allerdings bereits mit vier Jahren erlernt und somit war die Sache klar. Meiner Mutter verdanken meine Schwester und ich diverse sonntägliche Kocheinlagen, so eine Art privater Kochkurs bei einer mütterlichen Sterneköchin. Der intensivste Geschmack meiner Kindheit sind allerdings Spitzbuben und Vanillekipferl, das Plätzchenbacken mit Papas Kindermädchen Romy, die bis heute zu unserer Familie gehört. Das war und ist seit jeher Tradition und die Rezepte werden streng gehütet. Da werde ich im Winter gleich wieder sechs Jahre alt und rolle Teig!

Der bayerische Dialekt, den mein Vater in diesem Buch immer wieder anklingen lässt, ist überwiegend an meinem Zwillingsbruder hängen geblieben. Er hat mir wenig davon übrig gelassen, aber i moan, wenn i mog, ko i scho.

Bianca Faltermeyer

SWEET HOME
BAVARIA

– *Frühling* –

WACH AUF, TRAU DI AUSSE ...

*Della = Teller; Gowe = Gabel

WEISSWURSCHT-FRÜHSTÜCK

I kunnt jetz freili sogn: „Kaaf da welche, dua's in an Dopf, mach's hoaß, aber lass ned z'reißn, dua's auf an Della, an siaßn Senf dazua, und zuzl's!" Des war dann aber ned „homemade"! Über kaum eine andere Wurstsorte wird so viel debattiert wie über die Weißwurscht, das bayerische Nationalgericht! Sei's über die Qualität, wos ois drin is, wia ma's schneidt und isst, den Zeitpunkt des Verzehrs oder den süßen Senf. Ludwig Ganghofer schrieb über die Weißwurscht:*

Seht an! Seht an!
Wer sähe dieses Bild nicht gern!
Dies' Ideal der Kröpfung!
Ein Wunder des allmächt'gen Herrn,
Ein Meisterwerk der Schöpfung!
– Die Weißwurst –

Mein Großvater mütterlicherseits hatte eine Metzgerei und belieferte sogar die Luxushotels in München. Von ihm stammt auch mein Weißwurschtrezept. A rein kaiberne Wurscht, das war für ihn Ehrensache! Nur der Speck und a bisserl Backerl kommen vom Schwein. Wenn da Großvater mal a lausige Weißwurscht dawischt hat, soll er wohl gsagt habn: „D' Metzger miassatn beim Dog der Kunst ganz vorn mitgeh, weil de an Petersui und a Wasser mit da Gowe essn kenna." Es muss wohl an den Genen liegen, die mich 1986 dazu trieben, eine eigene kleine Metzgerei zu bauen und meine Wurscht von da an vorwiegend selbst zu machen.*

Ja, und wos is jetzt wirkli drin in dera Wurscht? Fleisch von der Kalbsschulter, Rückenspeck vom Schwein, Backerl vom Schwein, gekochte, entfettete Schweineschwarte (das G'hack oder Haitl) und Petersilie, Zwiebel, Eis, Salz, Pfeffer, Gewürze. Aus, Ende, basta! Ois andre is a dumms Gwäsch!

Für ca. 90 Würste

DIE WEISSWURSCHT

Des brauchst:

4 kg Kalbsschulter *(helles, festes Fleisch von einem jungen Tier)*
2 kg Rückenspeck *(kernig, nicht schmalzig)*
2 Bund glatte Petersilie
1 mittelgroße Gemüsezwiebel
150 g Schweineschwarte
1 kg Schweinebackerl
20 g Phosphat *(ist ein Kutterhilfsmittel, wichtig für die Bindung des Bräts)*
3 kg Scherbeneis oder Eisschnee *(beim Metzger vorbestellen)*
50 g Weißwurstgewürz *(über das Internet oder im Metzgereifachhandel erhältlich)*
200 g Kochsalz *(und etwas mehr für das Kochwasser)*
100 g weißer Pfeffer
4–5 Schweinedünndärme Kaliber 28/30

Fleischwolf mit doppeltem Messersatz und 3-mm-Brätscheibe
Fleischkutter

Z'erst muasst:

❶ Die Kalbsschulter parieren, gut entsehnen und in passende Stücke für den Fleischwolf schneiden. Beim Rückenspeck sämtliches Drüsengewebe und Drüsen peinlichst genau entfernen, dann in lange Streifen schneiden. Die Backerl ebenfalls in lange Streifen schneiden. Petersilie gut waschen und zupfen. Zwiebel schälen und in grobe Stücke schneiden. Schweineschwarte sauber entfetten und in Salzwasser 1½ Stunden kochen, aus dem Wasser nehmen und erkalten lassen.

...und so geht's:

❷ Kalbsschulter, Rückenspeck und Schweinebacken durch den Fleischwolf drehen. Die Masse in den Kutter geben, Phosphat daraufstreuen und einschalten. Bei laufendem Kutter Salz dazugeben sowie ⅓ des Eises. Dann alle Gewürze dazugeben (vielleicht auch einen Schuss Maggi, wer's mag) und bis ca. 7 °C kuttern. Das restliche Eis wird nach und nach zugegeben. (Das Thermometer ist im Kutter installiert und misst die Brättemperatur.) Jetzt erst die Zwiebelstücke hinzufügen, sonst wird das Brät grau. Weiterkuttern und von Hand mit einem Kunststoffspatel gut mischen. Bei ca. 12 °C Kutter stoppen und die Petersilie gleichmäßig darüberstreuen. Mit langsamem Gang die Petersilie kuttern und die Schweineschwarte dazugeben. Gut durchmischen! Bei 15 °C ist die Masse fertig zum Abfüllen in die Schweinedünndärme.

❹ Abdrehen auf Portionsgröße (ca. 120 g) und in 66 °C heißem Salzwasser 20 Minuten brühen.

❺ Dann entweder auf ca. 80 °C weiter erhitzen und „kesselfrisch" essen oder in Eiswasser abschrecken und später warm machen.

WIE ISST MA DIE WEISSWURSCHT?

Runterbeißen, zuzeln, Längsschnitt, oder was ist nun richtig? Des is eigentlich wurscht, wir haben ja Gott sei Dank die Liberalitas Bavariae! Weißwurscht verfärbt sich sehr schnell, drum ist der Längsschnitt eher ungeeignet. Ich bevorzuge den Trapezschnitt, dann bleibt die Wurscht warm: Im 45-Grad-Winkel zur Längsachse die Wurscht ein Stück einschneiden, aber nicht ganz durchschneiden, mit der Gabel das Innere rausschälen und sofort verzehren. Auf alle Fälle braucht man einen guten süßen Hausmachersenf und frische Brez'n oder ein Maurer-Loawe (Roggensemmel) dazu. Ein erfrischendes Weißbier kann auch nicht schaden.

Warum die Weißwurscht „des Zwölfeleitn ned hörn" soll, hat verschiedene Gründe:

➻ *Früher waren nur begrenzt Kühlmöglichkeiten vorhanden.*

➻ *Aufgrund der hohen Schüttung (Eiszugabe) hält das Brät in ungebrühtem Zustand nicht lange.*

➻ *Man wollte die einfachen Arbeiter vor Mittag aus der Gaststube wissen, um Platz für die „feinere G'sellschaft" zu haben.*

Annala nannten wir liebevoll meine Urgroßmutter. Anna Reizle war eine waschechte Fränkin, aus der Wagnerstadt Bayreuth. Geboren wurde sie am 1. Mai 1871 und fast 100 Jahre alt wär' sie geworden. Einen Tag vor ihrem Tod hat sie noch mit meinem Vater Knödel gedreht und gesagt: „Und wenn ihr euch auch wundert, ich werde auch noch hundert!" Sie hat nie ein Krankenhaus von innen gesehen. Als „jung's Mädala" hat sie wohl auch einmal dem Kronprinz Luitpold zugelächelt, als dieser einen Spaziergang am Nymphenburger Schloss unternahm und sich nach ihr umdrehte. So hat sie es uns immer und nicht ohne Stolz erzählt. Auf die Frage, warum sie so alt geworden ist, antwortete sie immer verschmitzt: „Das Weinei, mein Elixier Vitae!" Jeden Vormittag, nachdem Frühstück hat sie es getrunken.

WEINEI *Für 1 Person*
vom Annala

Des brauchst:

1 frisches Eielb
(den Keimfleck aufs Säuberlichste entfernt)
3 TL Traubenzucker
15 ml Rotwein

Z'erst muasst:
Eigelb, Traubenzucker und den Rotwein verkleppern*.

...und so geht's:
Trinken!

** verkleppern = verrühren*

Im weltbekannten Beverly Hills Hotel in Los Angeles gibt es ein Restaurant, und das ist ebenso berühmt wie das Hotel selbst: die Polo Lounge. Da saßen sie, die Wichtigen und weniger Wichtigen der Musik- und Filmbranche. Die weniger Wichtigen kannte man sofort, denn die ließen sich wiederholt von einem Pagen das Telefon mit einer endlos langen Schnur bringen. Eines der „signature dishes" (Klassiker) war Eier mit Kaviar – mit Beluga-Kaviar, versteht sich! Stolze 80 Dollar kostete damals eine Portion. Wir machen unseren Kaviar seit vielen Jahren selbst, und damit wird dieses Essvergnügen wesentlich erschwinglicher. Wir verwenden dafür den Rogen von der Bachforelle oder vom Saibling. Man bekommt ihn in der Fischzucht und kann ihn einfrieren.

GACKERL *Für 1 Person*
mid Fischoar

Des brauchst:

2 Eier
100 g Kaviar *(von Lachs, Forelle oder Saibling)*
Toastbrot

Z'erst muasst:
Gar nix machen.

...und so geht's:
Eier ca. 5 Minuten kochen, kurz abschrecken, köpfen, etwas vom Eigelb entfernen (essen!). Einen großzügigen Löffel Kaviar darauf und mit frisch geröstetem Toastbrot genießen.

** Schwammerl = Pilze*

„Ned scho wieder a Fleisch", höre ich meine Mutter heute noch sagen, wenn der Speiseplan für den nächsten Tag besprochen wurde. In unserer Familie drehte sich (fast) alles ums Essen. Das hatte sicherlich damit zu tun, dass die entbehrungsreiche Nachkriegszeit nun endlich vorbei war und bessere Zeiten anbrachen. Das geflügelte Wort meiner Großmutter Kathy zur anderen Oma Therese klingt mir ebenfalls noch im Ohr: „Theres', es taucht die bange Frage auf, was essen wir morgen?" Dabei saßen sie an einem üppig gedeckten Tisch, noch immer kauend. „Wie wär's mit Schwammerl in Bierdoag?" meinte Therese daraufhin. Wir Kinder liebten dieses Gericht und Champignons hatten wir genug. Mein Vater hatte sich irgendwann mal im Keller eine kleine Schwammerlzucht eingerichtet. Das ging ganz einfach. Man konnte sich einen in Plastik eingeschweißten Erdballen, gespickt mit Pilzsubstrat bestellen, musste oben ein großes Loch in die Hülle schneiden und nach ca. 2 Wochen sprossen die Pilze schier unaufhörlich aus der Erde.*

Für 2 Personen

SCHWAMMERL

in Bierdoag mit Remoulade

Des brauchst: 800 g Champignons oder braune Egerlinge
ca. ½ l Frittieröl, zum Rausbraten (je nach Topfgröße kann die Menge variiren)

FÜR DEN BIERTEIG: 260 g Mehl *(Type 405)* 3 Eier 180 ml Bier 50 g Semmelbrösel 1 EL Pflanzenöl Salz

FÜR DIE REMOULADE: 3 Eigelbe 1 Zitrone 300 ml Pflanzenöl 5 Essiggurken ½ Bund glatte Petersilie 1 EL Dijonsenf Salz und frisch gemahlener schwarzer Pfeffer

---

Z'erst muasst:

Von den Pilzen den Stiel etwas kürzen. Gegebenenfalls mit Pinsel säubern, aber nicht waschen.

Mehl, Eier, Bier, Pflanzenöl und 1 TL Salz mit der Küchenmaschine glattrühren, die Semmelbrösel dazugeben und gut vermengen. Eine halbe Stunde ruhen lassen.

REMOULADE:

Eigelbe mit etwas Salz und Pfeffer und ein paar Tropfen Zitronensaft aufschlagen. Langsam das Öl einträufeln lassen. So entsteht Mayonnaise. Zum Schluss 2 EL kochendes Wasser einrühren, das macht die Mayo haltbarer. Die Essiggurken gut abtropfen lassen und klein schneiden. Petersilie fein hacken. Senf dazugeben und alle Zutaten gut vermengen.

...und so geht's:

Die Schwammerl in den Bierteig geben und gut vermischen. Einen geeigneten Topf erhitzen, Öl heiß werden lassen. Zuerst einen Test mit einer kleinen Portion Bierteig machen. Zu kaltes Öl weicht die Pilze zu sehr auf, zu heißes Öl spritzt. Generell ist bei allem Frittiertem Vorsicht geboten: Verbrennungsgefahr. Kinder weg vom Herd! Die einzelnen Pilze nochmals im Teig wenden und vorsichtig ins heiße Fett geben. Goldgelb frittieren. Auf Küchenpapier abtropfen lassen und mit der Remoulade servieren.

REST'L-VERWERTUNG: *Vom Bierteig bleibt immer was übrig. Mit einem kleinen Löffel die Masse ins heiße Fett einträufeln lassen. Es entstehen skurrile kleine Figuren, die man später gut als Suppeneinlage verwenden kann. Remoulade kann man 2 Wochen im Kühlschrank in einem gut verschlossenem Glas aufbewahren.*

Leber mag man oder mag man nicht. Zwischendrin gibt's nix, da beißt d' Maus koan Fodn o. Und Leber ist auch nicht gleich Leber. Für die Leberwurst nimmt man meistens Schweineleber, die eignet sich für unser Gericht aber nicht. Leberspatzlsuppn macht man mit Rinderleber und auch die taugt dafür leider nicht. Die Leber von einem jungen Tier sollt's halt sein, die hat noch ned so viel arbeiten müssen. Darum schmeckt sie auch von der jungen Gams oder vom Lamm so gut. Dieses Rezept lässt sich für alle hier aufgezählten Tierarten anwenden, aber heit nimm i halt amoi a Kaibe. Ja und die Kartoffelpolenda ist kein Schreibfehler, die war die Leibspeise unseres „Zithermaxls", des Herzogs Max Joseph, seines Zeichens Vater von Elisabeth von Österreich-Ungarn, der berühmten Sissi. Die alten, handgeschriebenen Aufzeichnungen seiner Köchin hütet ihre Familie noch heute wie ihren Augapfel.

Für 4 Personen

KAIBELEBER MIT KARTOFFELPOLENDA

Des brauchst:

750 g Kalbsleber
1 Gemüsezwiebel
2 EL Pflanzenöl
2 EL Butterschmalz
3 EL Mehl
200 ml Demi glace
3 EL Weißweinessig
50 g Sahne
1 TL Muskat
1 TL Zimt
Salz und frisch gemahlener schwarzer Pfeffer

FÜR DIE KARTOFFELPOLENDA:
1 kg Kartoffeln
4 Eier
250 g Butter
150 g Sahne
100 g Emmentaler, gerieben
Salz

Z'erst muasst:

❶ Den Ofen auf 170 °C (Umluft) vorheizen. Kartoffeln weichkochen und durch die Kartoffelpresse drücken. Die Eier trennen. Die 4 Eigelbe, Butter, Sahne, Salz und Käse zu einer homogenen Masse vermengen. Die Eiweiße zu Eischnee aufschlagen und unter die Kartoffeln heben. Eine feuerfeste Form (oder mehrere kleine) mit Butter ausstreichen und die Masse gleichmäßig einfüllen. Eine kleine Schale mit Wasser unten in den Ofen stellen, die Polenda darüberstellen und im Ofen 1 Stunde backen.

Die Leber waschen und in Scheiben schneiden. Die Blutgefäße sauber entfernen. Die Scheiben in ca. 5 cm lange Streifen schneiden. Die Zwiebel in dünne Halbmonde schneiden.

…und so geht's:

❷ Pfanne mit Öl und Butterschmalz erhitzen und zunächst die Zwiebel goldgelb braten. Die Zwiebel beiseitestellen und die Leber im Fett scharf anbraten. Nicht salzen sonst wird sie bitter und hart. Mit Mehl bestäuben. Demi glace, Essig und die sautierten Zwiebeln dazugeben, leicht köcheln lassen. Salzen und pfeffern, die Sahne hinzufügen. Mit Muskat und Zimt abschmecken.

REST'L-VERWERTUNG:

Leber kann man aufwärmen. Die Polenda ebenfalls kurz im Ofen oder in der Mikrowelle erwärmen.

Ja, die Italiener san' scho' Hund! Abgesehen vom südländischen Lebensstil, dem Dolce Vita, grandiosen Weinen, der Ästhetik und dem technischen Knowhow, die schönsten Sportwagen der Welt zu bauen, brillieren sie auch mit ihrer Kochkunst.

Ich red ned von „Pizza, Pasta e basta", sondern von kulinarischen Innovationen wie z. B. Ossobuco, die mediterrane Antwort auf die bayerische Kalbshaxn. In 4–5 cm dicke Beinscheiben g'sagelt ist das unser Ausgangsprodukt. Außerdem kommt man bei der g'sagelten Variante in den Genuss des köstlichen Knochenmarks. Um dieser transalpinen Version der Kalbshaxn noch mehr Rechtfertigung zu geben, gönne ich mir den Luxus von gleich zwei Risottovarianten. Der Emmer zählt zu den ältesten Getreidesorten der Welt und wird seit mehr als 10 000 Jahren weitgehend unverändert angebaut. Das Urgetreide sozusagen. Der Perlemmer als geschliffene Variante wird auch gern als bayerischer Reis bezeichnet. Und wenn'st eh schon am Herd stehst und im Risottotopf rumrührst, kannst' des doch auch in einem zweiten Topf mit Vialone-Reis, oder? Dann werd's da ned langweilig und schmecken duad's sensationell! Und es gibt vui zum Schnawen und zum Dischkriarn, welcher Risotto nun wirklich der Bessere is'. Bayerisch-italienische Freundschaft, sog i!*

** g'sagelt = gesägt*

Für 4 Personen

G'SAGELTE KAIBEHAXN

mit Perl-Emmer- und Safran-Risotto

Des brauchst:

2 hintere Kalbshaxen, *in große 4–5 cm dicke Beinscheiben geschnitten, beim Metzger vorbestellen*
3 Paprikaschoten *(grün, gelb, rot)* 1 Petersilienwurzel 1 Pastinake 500 g Karotten
1 Stange Lauch 1 Bund Stangensellerie 1 große rote Zwiebel
5 EL Olivenöl 250 ml Weißwein 50 g Tomatenmark
1 kg passierte Tomaten
ca. ½ l Gemüsebrühe Salz und frisch gemahlener schwarzer Pfeffer

FÜR DIE RISOTTOS:

8 EL Olivenöl 6 Schalotten 250 g Vialone- oder Arborio-Reis ½ l Weißwein
ein paar Fäden Safran ca. 2 l Gemüsebrühe 100 g Parmesan, gerieben
250 g Perl-Emmer *(geschliffener Emmer)*

Z'erst muasst:
Die Beinscheiben gut waschen. Vom Sägen bleibt gern ein schmieriger Rückstand am Fleisch, den der Metzger meist nicht ganz entfernen kann. Gemüse waschen, Paprika entkernen, Petersilienwurzel, Pastinake sowie Karotte schälen und in kleine Würfel schneiden. Lauch der Länge nach halbieren, waschen und mit dem Stangensellerie in schmale Streifen schneiden. Zwiebel schälen und klein schneiden. Die Schalotten für das Risotto ebenfalls schälen und fein würfeln.

...und so geht's:
Die Beinscheiben in Olivenöl scharf anbraten und mit Weißwein ablöschen. Salzen, pfeffern und aus dem Topf nehmen. Die Zwiebelwürfel anschwitzen, dann das Gemüse und das Tomatenmark dazugeben, mit Weißwein ablöschen und reduzieren. Die Tomaten und das Fleisch dazugeben. Ca. 2 ½ Stunden köcheln, das Fleisch ab und zu wenden und das Gemüse umrühren, sodass nichts anbrennt. Immer wieder Gemüsebrühe dazugeben. Der Topfboden muss glatt bleiben. Mit einem Pfannenwender aus Metall eventuell angelegte Stellen freikratzen, sonst wird das Gericht am Ende bitter schmecken.

SAFRAN-RISOTTO:
In einem geeigneten Topf 4 EL Olivenöl erhitzen und die Hälfte der Schalotten anschwitzen. Den Reis dazugeben und bei hoher Hitze anbraten. Mit 250 ml Weißwein ablöschen. Ein paar Safranfäden dazugeben. Immer gut umrühren, damit nichts anlegt. Einkochen und nach und nach Brühe nachgießen. Den Reis al dente kochen. Das Ganze dauert etwa 1 Stunde. Gegen Ende 50 g Parmesan dazugeben. Reis dickt immer wieder ein, also genügend Brühe bereitstellen. Abschmecken mit Salz und Pfeffer.

PERL-EMMER-RISOTTO:
Parallel zum Risotto zubereiten. Geht ganz genauso, hat nur andere Eindickeigenschaften! Bitte eine ca. 10 Minuten längere Garzeit einplanen.

REST'L-VERWERTUNG:

Die Beinscheiben mit der Sauce in einem Topf oder einer Vorratsdose kaltstellen. Hält mehrere Tage.

Wenn das Fleisch frisch war (und nicht aus der Tiefkühltruhe kam), lässt es sich gut einfrieren. Risotto kann man mit etwas Brühe verdünnen und vorsichtig aufwärmen. Schmeckt zwar nicht mehr wie frisch gekocht, ist aber immer noch besser als Wegwerfen.

De Schandi kumma! Zu Deutsch: Die Gendarmerie naht!
Da der Polizist ja gelegentlich den Finger mahnend hebt, nannte man dieses Gericht bei uns auch Polizeifinger oder eben Schandifinger. Wenn wieder mal etwas Kartoffelpüree überblieb, war's dann soweit. Vermengt mit Ei und Mehl, zua am Finger gwuzlt und ab in die Pfann'.*
Ein Gericht meiner Kindheit.

** gwuzlt = geformt*

Für 4–6 Personen

SCHANDIFINGER
MIT APFELKRAUT

Des brauchst:

500 g Kartoffelpüree *vom Vortag* 3 Eier
200 g Mehl *(Menge hängt sehr von der Feuchtigkeit der Kartoffel ab)*
50 g Kartoffelmehl 50 g Butterschmalz

FÜR DAS APFELKRAUT:

100 g weiße Zwiebeln 4 EL Pflanzenöl 4 Äpfel 1 Zitrone 1 EL Zucker 125 ml Weißwein
1 kg frisches Sauerkraut 250 ml Gemüsebrühe 5 Lorbeerblätter 1 TL schwarze Pfefferkörner

Z'erst muasst:

Zwiebeln fein hacken und in Öl glasig dünsten. Äpfel schälen, Kerngehäuse entfernen und den Apfel reiben. Den Saft der Zitrone darübergießen (sonst werden sie gleich braun) und zu den Zwiebeln geben. Weiter sautieren, bis die Flüssigkeit verdampft ist. Jetzt Zucker dazugeben und mit dem Weißwein ablöschen. Das Kraut ausdrücken und in den Topf geben. Etwas Brühe angießen, die Lorbeerblätter und die angedrückten Pfefferkörner hinzufügen. 45–60 Minuten bei niedriger Hitze köcheln lassen. Umrühren und immer wieder etwas Brühe dazugeben, dass nix anbrennt.

Kartoffelpüree in die Küchenmaschine geben, Eier dazu und mit dem Knethacken vermengen. Nach und nach das Mehl und das Kartoffelmehl dazugeben, bis eine feste Masse, ähnlich einem Nudelteig, entsteht. Nudelbrett mit Mehl bestäuben und eine Portion der Kartoffelmasse daraufgeben. Mit Mehl bestäuben und eine dünne Rolle formen. Ca. 10 cm lange Stücke abstechen, mit der Handfläche ausrollen, bis fingerähnliche Teile, die Schandifinger, entstehen.

...und so geht's:

Wenn alle Schandifinger geformt sind und das Apfelkraut auch fertig ist, eine geeignete Pfanne erhitzen und das Butterschmalz heiß werden lassen. Die Finger in die Pfanne geben und auf einer Seite goldgelb braten. Das geht, je nach Hitze, recht schnell. Mit einer Gabel umdrehen und die andere Seite braten. Sofort zusammen mit dem Apfelkraut servieren.

REST'L-VERWERTUNG:

Die Schandifinger sind bereits ein Rest'l! Das Apfelkraut portionieren und einfrieren.

Die Gesundheits- und Kraftsuppe schlechthin.
Vor meiner geplanten Reise zum Kilimandscharo wollte ich dann doch mal sehen, wia guad i beianända bin. Die Besteigung dieses monumentalen Berges mit fast 6 000 Höhenmetern is nämlich koa Zuckerschleck'n. Also begab ich mich zu diesem Zweck ins Willy Dungl Biotrainingszentrum in Gars am Kamp. Unter strenger Aufsicht der Ärzte strampelte ich so auf dem Ergometer, bis mir die Zung' zum Hois raushing. Blutdruck, Blutzucker, EKG und weiß der Kuckuck sonst noch alles schienen im Normbereich zu sein, und so entließ man mich mit dem Attribut „höhentauglich".

Was ich auch noch mit auf den Weg bekam, war eine Ernährungsanleitung und eine Liste mit besonders guten und nicht so gut tauglichen Lebensmitteln. Auf der „guten" Seite waren zahlreiche Getreidesorten zu finden, und wie sollte es auch anders sein, wenig Fleisch. Also machte ich mich auf den Weg zur Hofbräuhaus-Kunstmühle am Platzl in München und besorgte einen gefühlten Zentner verschiedenster Getreidesorten, von Dinkel bis Gerste, von Weizen bis Hirse.

** Kerndl = Körner*

Für 4 Personen

VIER-KERNDL*-SUPPN

Des brauchst:

100 g Dinkel
100 g Reis
100 g Buchweizen
100 g Hirse
½ Bund glatte Petersilie
ca. 2 l Gemüsebrühe

Z'erst muasst:
Die einzelnen Getreidesorten waschen und über Nacht quellen lassen. Am nächsten Tag jede Sorte in einem anderen Topf in Salzwasser weich kochen. Die Garzeiten sind sehr unterschiedlich. Abschrecken, gut abtropfen lassen und bereitstellen. Die Petersilie waschen und fein hacken.

...und so geht's:
Die Körner portionsweise in einen Suppenteller geben und kochend heiße Brühe darübergießen. Mit Petersilie bestreuen und servieren.

REST'L-VERWERTUNG:

Die Kerndl lassen sich mehrere Tage im Kühlschrank aufbewahren. Also gesundes, ungetrübtes Suppenvergnügen für viele Tage.*

„Lindfleischsalat schön schalf" hat die Bedienung beim Thailänder amoi gsagt, als ich auf die Nummer 63 der ca. 300 Gerichte deutete. Dann hab ich ihn halt probiert, den Rindfleischsalat. Nach den ersten Bissen trat mir das Wasser in die Augen, dann hatte ich einen fürchterlichen Schweißausbruch, anschließend einen allergischen Asthmaanfall der Sonderklasse, gefolgt von Taubheit, Blindheit, Herzrasen und Wutanfällen. Das ist ein Mordversuch, dachte ich mir. Unzumutbar. Wenigstens für den europäischen Durchschnittsmagen. Ich will nicht sagen, dass ich nicht gern pikant esse, aber was z'vui is is z'vui! Es geht auch anders. Wurscht, was Du an Rindfleisch übrig host, ois ko ma hernemma für an Rindfleischsalat.*

** ois ko ma hernemma = alles passt dazu*

Für 4–6 Personen

Koider RINDFLEISCHSALAT *amoi anders*

Des brauchst:

1 kg Rindfleisch, *gekocht oder gebraten*
2 große rote Zwiebeln
1 frische Chilischote
1 Bund frischer Koriander
2 Zitronen
3 Limetten
4 EL Unagi-Sauce *(Aalsauce)*
4 EL Austernsauce
6 EL Fischsauce
1 TL Cayennepfeffer
Szechuanpfeffer

Z'erst muasst:

❶ Rindfleisch in kleine Scheibchen schneiden. Die Zwiebeln der Länge nach halbieren und in dünne Halbmonde schneiden. Chilischote der Länge nach durchschneiden und die Samen entfernen. Die Schote dann in kleine, aber gut sichtbare Streifen schneiden. Am besten mit Handschuhen arbeiten, da die Schärfe der Chilizellen lange an den Fingern haften bleibt. Deshalb Augenkontakt vermeiden. Den Koriander waschen, die Blätter zupfen und grob hacken. Zitronen und Limetten auspressen, den Saft beiseitestellen.

…und so geht's:

❷ Alle Zutaten außer dem Koriander in eine Schüssel geben und mit den Saucen gut vermengen. Mit Cayennepfeffer und Szechuanpfeffer abschmecken. Salz ist nicht nötig. 30 Minuten ziehen lassen. Koriander erst kurz vor Verzehr zugeben. Nochmals vermengen.

REST'L-VERWERTUNG:

Geht ned, is selber schon a Rest'l!

Was da oft für ein Schmarrn verzapft wird:*
Des Kaibebries is ja des Hirn, naa, die Mandeln, naa, i glaub,
des is was vom Darm, naa, des is hinterm Knia! Also: Das Bries ist der Thymus des Kalbes,*
ein Organ des lymphatischen Systems. Nur im Jungstadium des Rindviehs gibt es dieses Organ.
Leider ist es sehr purinhaltig und dadurch nicht wirklich gesund, aber sehr schmackhaft!

Und ab und zu darf man auch a bisserl sündigen, oder? Die Gichtlatten wern's scho aushalten!
Das Kalbsbries hat eine unverwechselbare Struktur und zählt zu den edlen Gerichten der bayerischen Küche.
Nur in Butter geschwenkt, leicht gesalzen und nix anderes, so schmeckt's mir am besten.
Dazu passen auch keine Sättigungsbeilagen wie z. B. Kartoffeln, Nudeln oder Reis.
Am besten etwas Gemüse, aber dann is eh scho guat!
Rote Ranna und Mangold eignen sich dafür sehr gut.*

**Schmarrn = Blödsinn; Knia = Knie; Rote Ranna = Rote Bete*

Für 4 Personen

KAIBEBRIES

Des brauchst:

500 g Kalbsbries
40 g Butter
4 Rote Beten
1 Bund Mangold
40 g Bratfett
(dafür verwende ich zu gleichen Teilen Butterschmalz und Biskin, die ich in ein Schmalzhaferl fülle, im Wasserbad schmelze und im Kühlschrank aufbewahre)
Zucker
Balsamessig
Salz und frisch gemahlener schwarzer Pfeffer

Z'erst muasst:

❶ Das Bries gut wässern, bis kein Blut mehr austritt und das Wasser klar ist. Dann in einen Topf mit kaltem Salzwasser legen, das Wasser erhitzen – aber auf keinen Fall kochen lassen – und das Fleisch gar ziehen lassen (pochieren), bis es fest ist. Das dauert ungefähr 20 Minuten. Aus dem Wasser nehmen und abkühlen lassen. Dann die Sehnen und knorpeligen Teile entfernen.

❷ Rote Beten waschen und ca. 1 Stunde kochen, bis sie bissfest sind. Die Zeit variiert sehr je nach Knollengröße. Abkühlen lassen und dann die Haut abziehen. In ca. 5 mm dicke Scheiben schneiden.

❸ Den Mangold putzen. Die dicken Enden der Stiele keilförmig aus den Blättern herausschneiden und in 1–2 cm lange Stücke schneiden. Die Blätter ebenfalls klein schneiden und beiseitelegen.

...und so geht's:

❹ Das Bries in 1 cm dicke Scheiben schneiden und in Butter braten. Die Stücke sollen schön goldbraun sein. Leicht salzen.

❺ Für den Mangold eine Pfanne (sehr gut eignet sich eine Wokpfanne) heiß werden lassen, dann das Bratfett hineingeben. Zuerst die Mangoldstiele ca. 1 Minute in der Pfanne durchschwenken, dann die Blätter dazugeben und ebenfalls kurz durchschwenken. Mit etwas Zucker, Salz und Pfeffer abschmecken. Das soll alles recht schnell gehen, sonst wird das Gemüse lätschert (weich und schwammig)!

❻ Für die Roten Beten eine Pfanne erhitzen, das Bratfett hineingeben und die Scheiben darin schwenken. Mit Balsamessig und etwas Pfeffer abschmecken. Alles zusammen servieren.

REST'L-VERWERTUNG:

Übrige Briesteile klein gehackt in einer Königinpastete verwerten.
Rote Bete kann man zu Salat verarbeiten. Mangold hält sich nicht gut.

2015
Riesling Spätlese Feinherb
Schloßberg
Rohr
Nahe
Michael Rohr · D-55592
750 ml

Ein feiner Festtagsbraten! Mager, gesund, bekömmlich. Stand bei uns lange Zeit nicht auf dem Speiseplan. Der Grund dafür war ganz einfach. Meine Eltern mochten es einfach nicht. Damit war es für uns auch nix. „Des böckelt, da kannst' mi glei gern ham!", höre ich meine Mutter heut noch schimpfen. Wahrscheinlich hatte sie mal ein schlechtes Erlebnis mit einem Hammel … Ja, des is wahr, der böckelt meist ganz fürchterlich. Ein Milchlamm dagegen ist eine Delikatesse. Bei uns hin und wieder zu Ostern zelebriert. Eine böse Erinnerung jedoch verfolgt mich bis zum heutigen Tage. Beim Tranchieren des Lamms rutschte mir mal das Messer aus, und ich hätte mir fast den Finger abgeschnitten.*

Das werde ich nie vergessen, aber das Gute daran ist: Der Finger ist noch dran und ich bin wesentlich vorsichtiger geworden. Vielleicht lag mein Ausrutscher auch daran, dass jener Ostersonntag mit fürchterlichem Schneefall begann, keiner vor die Haustür gehen wollte und die Kinder vor lauter Schnee die Osternester nicht mehr fanden. Daraufhin haben wir uns aus lauter Frust bereits am Vormittag dem Reben- und Hopfensaft gewidmet. Wie dem auch sei, letztlich war das Lamm deliziös, zart und alle lobten das butterweiche und gesunde Fleisch.

**böckelt = schmeckt streng nach Widder; da kannst' mi glei gern ham = sinnhaft: auf gar keinen Fall!*

MILCHLAMM

Für 10–12 Personen

Des brauchst:

Grundsätzlich muss die Entscheidung ganzes Lamm oder Einzelteile den Gegebenheiten angepasst werden. Wir haben diesen wunderbaren stationären Drehgrill mit verstellbarem Feuer, da wird das Ganze zum Kinderspiel. Ein herkömmlicher großer Grill mit Haube und Drehgrilleinrichtung führt zu einem ebenso tollen Ergebnis. Es gelingt aber auch im Backofen, dafür muss man das Lamm allerdings vorher zerlegen. Der Metzger erledigt das sicher sehr gerne.

1 ganzes Lamm (ca. 12 kg) *(beim Metzger vorbestellen, oder Teile: Schulter, Schlegel und Rumpf)*
3 Knoblauchzehen feines Meersalz 20 Zweige frischer Thymian Muskat
Salz und frisch gemahlener schwarzer Pfeffer

FÜR DEN GRATIN DAUPHINOIS:

4 kg festkochende Kartoffeln 40 g Butter zum Einfetten 2 Knoblauchzehen Muskat
8 Becher (2 l) Sahne 4 Becher (1 l) Crème fraîche 600 g Gruyère (gerieben) Salz

FÜR DEN BROKKOLI:

3 kg Brokkoli 5 EL Olivenöl
Salz und frisch gemahlener schwarzer Pfeffer

FÜR DIE BERBERITZENSAUCE:

(siehe Rehlenderl, Seite 108)

Z'erst muasst:

❶ Am Vortag schon das Lamm von innen und außen mit Meersalz salzen und pfeffern. Den Knoblauch fein hacken und das Lamm überall damit einreiben. Der Knoblauch soll nicht dominieren, gibt aber dem Fleisch eine feine Note. Den Thymian mit Hilfe eines spitzen Werkzeugs, zum Beispiel einer Stechahle, an den verschiedensten Stellen unter die Haut einziehen. Abgedeckt kühl stellen.

❷ Die Kartoffeln schälen, in kaltes Wasser legen und bereitstellen.

❸ Den Brokkoli in einzelne Röschen teilen und in kochendem Salzwasser blanchieren. Vorsicht, Brokkoli wird schnell weich. Wenn das Wasser nach dem Einlegen wieder zu brodeln beginnt, ist das Gemüse fertig. In einen Seiher abgießen und mit kaltem Wasser abschrecken, bis alle Röschen schön kalt sind. Beiseitestellen.

...und so geht's:

❶ Mit einem Drehgrill gegart braucht das Lamm ca. 3–3½ Stunden. Die Grilltemperatur sollte ca. 170 °C betragen. Im Backofen die Temperatur auf 160 °C Umluft einstellen. Nimmt man Teile von Lamm (Schulter, Schlegel und Rumpf) geht es auch im Backofen. Dann ist der Braten nach 3 Stunden fertig. Zum Schluss mehr Feuer geben, das macht die Haut schön kross.

GRATIN DAUPHINOIS:

Eine große (oder mehrere kleine) Auflaufform einfetten und Knoblauch hineinpressen und verteilen. Die Kartoffeln in 3 mm dicke Scheiben schneiden. Das geht am besten mit einem Gurkenhobel oder einem entsprechenden Vorsatz der Küchenmaschine. Die Scheiben sofort verarbeiten, sonst verfärben sie sich. Die Kartoffelscheiben bis 3 cm unter dem Formenrand auslegen. Einzelne Schichten mit Salz und etwas Muskat bestreuen. Sahne und Crème fraîche in einer großen Schüssel mit einem Schneebesen gut vermengen und über die Kartoffelscheiben gießen. Die Scheiben sollten bedeckt sein. Bei 160 °C Umluft ca. 1 Stunde backen. Die Kartoffeln mit Alufolie abdecken, sollten sie vorzeitig braun werden. Die Form aus dem Ofen nehmen und den Käse großzügig und gleichmäßig auf der Oberfläche verteilen. Zurück in den Ofen geben und bei ca. 240 °C schön braun backen.

BROKKOLI:

In einer großen Pfanne Olivenöl heiß werden lassen und den Brokkoli sautieren. Abschmecken mit Salz, Pfeffer und Muskat.

REST'L-VERWERTUNG:

Sollte etwas von der Sahnemischung übrig bleiben, in eine Flasche oder ein Glas mit Deckel füllen, kühl stellen und für andere Gerichte verwenden. Gratin dauphinois lässt sich wieder aufwärmen. Das Lammfleisch kann man als kalten Braten aufschneiden. Schmeckt vorzüglich mit der Berberitzensauce.

Das ist Mutters Originalrezept für den österlichen Hefezopf. Ich kann mich noch gut an die Ostersonntage erinnern, als wir mit einem Weidenkorb, gefüllt mit bunt bemalten Ostereiern, einem Stück G'selchten, Salz und einem Striezel am Morgen in die Dorfkirche gingen und diese Speisen traditionsgemäß weihen ließen. Vieles kann man über den Hefezopf nachlesen, doch auch hier gilt: Die Zutaten steh'n in fast jedem Kochbuch, aber die feinen Details selten oder gar nicht. Wenn die Milch zu kalt ist, gibt's Klumpen, wenn der Raum zu kalt ist, geht die Hefe nicht auf. Wehe, wir ließen die Türe zum Wohnzimmer auf, in dem doch der mit einem Küchentuch zugedeckte Topf mit dem Teig stand. „Koan Zug derf er kriang', der Doag", meinte die Mutter. Gar nicht dran zu denken, das Tuch zu lüften und, neugierig wie wir Kinder nun mal waren, nachschau'n, was da drunter ist. Da gab's dann eins hinter die Ohrwaschel. Kurzum, viel Tamtam um einen einfachen Hefezopf, aber das Resultat war und ist vorzüglich.

Für 1 Hefezopf

STRIEZEL

Des brauchst:

1 kg Weizenmehl (Type 405)
1 ½ Würfel frische Hefe
400 ml Milch
abgeriebene Schale von
 1 unbehandelten Zitrone
10 g Salz
3 Eier
3 Eigelbe
125 g Butter
75 g Butterschmalz
80 g Sultaninen
60 ml Rum

Z'erst muasst ein Dampferl machen und das geht so:*
Mehl in die Rührschüssel der Küchenmaschine sieben. Eine Kuhle formen, Hefe zerkleinert in diese Kuhle geben. Leicht zuckern und etwas lauwarme Milch dazugeben. Vorsichtig nur die Hefe und die Milch verrühren, dann zudecken. An einen warmen, zugfreien Ort bringen und dort 15–30 Minuten zugedeckt gehen lassen (bei uns war das immer am Kachelofen).

...und so geht's:
Alle Zutaten sollten Zimmertemperatur haben. Dann kann eigentlich nichts mehr schiefgehen. Wenn das Dampferl eine schöne Haube hat, geht's los.

Die Zitronenschale und das Salz dazugeben. 3 Eier in ein Gefäß geben und von weiteren 3 Eiern nur die Eigelbe. Die Hagelschnur und den Keimfleck gründlich entfernen. Das geht am besten mit einer Pinzette. Die Milch auf Zimmertemperatur erwärmen, die Butter und Butterschmalz zerlassen, aber nicht heiß werden lassen. Alle Zutaten mit dem Knethaken auf langsamer Stufe glatt kneten. Den Teig wieder an einen warmen Ort stellen und 1 Stunde gehen lassen. Der Teig wird gewaltig aufgehen. Ein großes Nudelbrett mit Mehl bestäuben und den Teig daraufgeben. Immer etwas Mehl bereithalten und bei Bedarf den Teig bestäuben, damit er nicht am Brett oder an den Händen klebt. Drei gleich große Teile abtrennen und etwa 40 cm (je nach Größe des Bratrohrs) lange Teigrollen (Stränge) formen. Aneinanderlegen und einen Zopf flechten. In Form bringen und auf ein gefettetes Backblech legen. Das erfordert einiges an Geschick, aber man lernt es schnell. Nochmals ca. 30 Minuten gehen lassen. In der Zwischenzeit den Backofen auf 170 °C (Umluft) vorheizen und eine Schale mit Wasser unten reinstellen. Wer über einen Kombidämpfer verfügt, stellt einfach 50 % Dampf ein. Den Striezel in den Ofen geben und 1 Stunde backen. Abkühlen und dann mit Puderzucker bestreuen.

** Dampferl = Vorteig*

„Am Gründonnerstag isst man was Grün's!" Der strenge Blick unserer „Haarer Oma" (weil wohnhaft in Haar, einem Vorort im Osten von München), die Großmutter mütterlicherseits, ließ keinen Zweifel offen. Sie meinte es ernst. Damit erübrigte sich automatisch der Griff in den Kühlschrank und zur Wurst. Der Speiseplan an diesem Donnerstag vor Ostern sah eher Spinat mit Spiegelei und Salzkartoffeln vor. Und als Vorspeise natürlich die Kräutlsuppe mit verschiedenen Kräutern, dominiert vom Kerbel. Deshalb wird diese Suppe auch gern Kerbelsuppe genannt. Dieses klassische Gründonnerstagsgericht markiert das Ende der Fastenzeit.

KRÄUTLSUPPN *Für 4–6 Personen*

Des brauchst:

400 g frische, gemischte Kräuter
3 große Bund Kerbel
4 EL Olivenöl
250 ml Weißwein
2 l Gemüsebrühe
40 g Butter
80 g Mehl
Muskat
Salz und frisch gemahlener schwarzer Pfeffer

Z'erst muasst:

Etwa die Hälfte der Kräuter fein hacken. Dazu vom Kerbel die weichen Blätter und Stiele bis ca. zur Hälfte der Stängel abschneiden. Wer's ganz schön machen möchte, sollte die Blätter abzupfen. Das ist bei dieser Menge aber viel Arbeit. Olivenöl erhitzen und die gehackten Kräuter mitsamt den Stielen vom Kerbel darin anbraten. Mit 125 ml Weißwein ablöschen. Die Gemüsebrühe dazugeben und 1 Stunde köcheln lassen. Dann durch ein Tuch passieren und den Fond bereitstellen.

...und so geht's:

Eine weiße Mehlschwitze herstellen: Die Butter erhitzen, mit dem Schneebesen schaumig schlagen und das Mehl einrühren. Mit dem restlichen Weißwein ablöschen und den Kräuterfond einrühren. Den Rest der Kräuter und den Kerbel kleinhacken. Ca. 30 Minuten vor Verzehr dazugeben und leicht köcheln lassen. Das hat den Vorteil, dass die Kräuter ihr frisches Grün nicht verlieren. Abschmecken mit Salz, Pfeffer und Muskat.

REST'L-VERWERTUNG:

Suppe aufwärmen. Hat zwar dann nicht mehr die frische, grüne Farbe, schmeckt aber immer noch gut.

Lüngerl essen ist sehr speziell. Es gehört schon eine gehörige Portion Vertrauen in den Koch und den Metzger dazu, um dieses alte bayerische Gericht ungetrübt genießen zu können. Beim „Schlammerl", einer meiner Lieblingsgaststätten in der Heimat, gibt es jeden Montag Lüngerl vom Kaibe. Ein Hochgenuss! Nur Kalbslunge bester Qualität schafft es bei mir in die Show. Frisch muss sie sein, von einem guten Kaibe. Sauber pariert, fein geschnitten, frei von allen Röhren, Knorpeln und Häuterln, nur so will ich sie haben. Das kostet zwar Zeit, aber dann schaut's auch appetitlich aus. Nur so kann man den naserümpfenden Zweifler davon überzeugen, dass das ein wahrer Leckerbissen ist!*

Für 4 Personen

SAURES LÜNGERL

vom Kaibe mit Semmelknödeln

*Kaibe = Kalb

Des brauchst:

1 ganze Kalbslunge (ca. 1 ½ kg), *vom Metzger küchenfertig vorbereitet*

1 Bund Suppengrün 3 Lorbeerblätter 5 Pfefferkörner

3 Gewürznelken 250 ml Weinessig 250 ml Weißwein

FÜR DIE SOSS:

1 l Rinderbrühe 60 g Butter 100 g Mehl 250 ml Rotwein

20 ml Hesperiden-Essig *(Spezialität aus Österreich)* oder Apfelessig

½ Bund glatte Petersilie

FÜR DIE SEMMELKNÖDEL:

250 g Knödelbrot *(altbackenes Weißbrot)* 300 ml Milch 2 ganze Eier plus 1 Eigelb

½ Bund glatte Petersilie 1 Prise Muskat Selleriesalz

Salz und frisch gemahlener schwarzer Pfeffer

Z'erst muasst:

❶ 2 oder 3 Tage vor der geplanten Mahlzeit einen großen Topf (die Lunge bläht sich auf) mit ca. 3 l Wasser aufsetzen. Das Suppengrün waschen, putzen und mit den Lorbeerblättern, Pfefferkörnern, Nelken, Essig und Wein in den Topf geben. Kurz aufkochen.

❷ Die Lunge gut waschen und in den Topf geben. 1 Stunde kochen lassen. Austretenden Eiweißschaum abschöpfen und die Lunge immer wieder umdrehen. Da dieses Organ viele kleine Luftröhren hat, wird es sich ausdehnen und wie ein Ball oben schwimmen.

❸ Dann aus dem Topf nehmen und erkalten lassen. Währenddessen einen Teller darauflegen und beschweren, um die Luft aus der Lunge zu pressen. Wer über ein Vakuumgerät verfügt, kann die Lunge auch leicht vakuumieren.

❹ Den Sud abseihen und ebenfalls erkalten lassen. Die komplett ausgekühlte Lunge zunächst in grobe Stücke und dann in möglichst gleichmäßige kleine Streifen schneiden. Dabei sämtliche Röhren, Knorpel und Häutchen penibel entfernen. Wenn man exakt arbeitet, wird von der Lunge nicht viel mehr als 1 kg übrig bleiben. In eine Schüssel geben und mit ca. ½ l des erkalteten Suds übergießen, sodass die Lungenstreifen bedeckt sind. Je nach Geschmack etwas mehr Essig dazugeben. Im Kühlschrank abgedeckt 2–3 Tage ziehen lassen.

...und so geht's:

❺ Für die Semmelknödel das Knödelbrot in eine große Schüssel geben. Milch richtig heiß werden lassen und gleichmäßig über das Knödelbrot gießen. Ca. 15 Minuten warten, dann die gehackte Petersilie, die Eier und das Eigelb dazugeben. Alles mit der Hand gut verkneten, abschmecken mit Salz, Pfeffer, Selleriesalz und Muskat. Nochmals etwa 10 Minuten durchziehen lassen, dann die Knödel formen.

❻ Salzwasser in einem großen Topf zum Kochen bringen und die Knödel in das sprudelnde Wasser geben. Ab und zu schwänzen, also umdrehen. Nach 20 Minuten sind die Knödel fertig.

❼ Für die Sauce die Rinderbrühe erwärmen. Einen großen Topf erhitzen, die Butter zerlassen und mit dem Mehl zu einer mittelbraunen Mehlschwitze verrühren. Nur Geduld, das dauert! Am feinen, nussartigen Geruch und der braunen Farbe erkennt man, dass die Schwitze fertig ist. Dann mit dem Rotwein ablöschen und unter ständigem Rühren die Brühe zufügen. Nun die Lunge dazugeben und einmal aufkochen lassen, sodass die Sauce sämig wird. Mit Essig, Salz, Pfeffer und Muskat abschmecken. Die Petersilie waschen, trocken schütteln, Blättchen von den Stängeln zupfen und fein hacken. Die Petersilie unmittelbar vor dem Servieren über die Lunge streuen.

REST'L-VERWERTUNG:

Man kann das Lüngerl einmal aufwärmen, aber vom Einfrieren rate ich ab. Dann lieber wieder frisch kochen.

Wenn ich mich nur an ein Gericht aus meiner Kindheit erinnern könnt', dann war's des! Ich habe es niemals auf einer Speisekarte gesehen, obwohl es eigentlich gut zur bayerischen Küche passen würde. Der Fairness halber muss man aber anmerken, dass das „Innenleben" der Toatn teilweise aus Italien kommt. Das Ragù alla bolognese, die Fleischsoß' meines heißgeliebten Nudelgerichts Spaghetti bolognese, von dem ich als Knirps während der Sommerferien in Caorle an der Adria sage und schreibe 46 Portionen in sechs Wochen verdrückt hatte. Natürlich stand dieses Standardgericht auch auf dem Familienspeiseplan ganz weit oben. Es wurde immer reichlich mehr Soß' gekocht, als für die Spaghetti notwendig – das hatte auch seinen guten Grund. Wir Buben waren voll Vorfreude, wenn's wieder mal hieß: Morgen gibt's Schichtl-Toatn. Am besten kann man es als eine Art Pfannkuchen-Lasagne beschreiben. Ähnlich der Münchner Prinzregententorte geschichtet, obenauf mit Käse überbacken, eine wahre Köstlichkeit.*

Ein Wort noch zur Soß: Freilich kann man eine Konserve aus dem Regal nehmen oder ein gängiges Kochrezept für Ragù alla bolognese nachkochen, aber unser Soß' war dann halt doch immer a' bisserl anders ois beim „Italiener".

Wichtig ist allerdings, dass sie gut flüssig ist, sonst werd' des G'schpui' vui z'trock'n!*

Für 1 Torte

SCHICHTL-TOATN

Des brauchst:

1 rote Zwiebel   1 weiße Zwiebel   200 g Karotten
3 Stangen Staudensellerie   100 ml Olivenöl   1 kleine Dose Tomatenmark   250 ml Rotwein
1 kg passierte Tomaten   1 kg Hackfleisch vom Rind *(wenn möglich grob gewolft, 8-mm-Scheibe)*
Muskat   100 g Ricotta dolce (Frischkäse)   ½ Bund Basilikum   20 g Butter
1 Packung Schmelzkäsescheiben mit Paprika
100 g Gouda oder ähnlicher Vollfettkäse, gerieben   100 g geriebener Emmentaler
Salz und frisch gemahlener schwarzer Pfeffer

FÜR DIE PFANNKUCHEN:

250 g Mehl (Type 405)   4 Eier   ½ l Milch   2 EL Butterschmalz

**Toatn = Torte; des G'schpui vui z'trockn = das Gespiel (hier eher: das Ganze) viel zu trocken*

Z'erst muasst:

❶ Beide Zwiebeln schälen und klein hacken. Karotten schälen und möglichst klein würfeln. Staudensellerie ebenfalls klein würfeln. Einen geeigneten Topf erhitzen, Olivenöl heiß werden lassen, Zwiebeln anschwitzen, Gemüse und Tomatenmark dazu, gut anbraten und schließlich mit Rotwein ablöschen. Etwa die Hälfte der passierten Tomaten dazugeben und köcheln lassen. Nun kommt das Fleisch hinzu, mit Salz, Pfeffer und Muskat würzen und alles gut vermengen. Ca. 4 Stunden bei geringer Hitze weiter köcheln, nicht zudecken. Immer wieder umrühren, und wenn es eindickt, nach und nach die passierten Tomaten dazugeben. Im letzen Viertel der Kochzeit den Ricotta und das gehackte Basilikum beimengen und gut verrühren. Zum Schluss die Butter darübergeben, unterrühren und das Ragù beiseitestellen.

❷ Mehl, eine Prise Salz und die Eier in der Küchenmaschine mit dem Schneebesenaufsatz verrühren. Vorsichtig Milch dazugießen und glattrühren. Die Konsistenz sollte gut flüssig sein. Eventuell Wasser oder Milch dazugeben. Den Teig ca. 30 Minuten ruhen lassen. Eine Crêpepfanne mit ca. 28 cm Durchmesser mit etwas Butterschmalz erhitzen und zuerst einen „Probepfannkuchen" backen. Nach Bedarf weitere Milch zugeben, denn die Masse kann eindicken. Dann dünne, goldgelbe Pfannkuchen braten und beiseitelegen. Wir brauchen acht Stück.

...und so geht's:

❸ Den Ofen auf 170 °C (Ober-/Unterhitze) vorheizen. Eine feuerfeste runde Auflaufform mit einer Randhöhe von mindestens 8 cm und dem gleichen Durchmesser wie die Crêpepfanne verwenden. Die Form gut einfetten und den ersten Pfannkuchen hineinlegen. Eine Kelle Ragù dünn darauf verstreichen. Den zweiten Pfannkuchen auflegen usw. Auf den achten Pfannkuchen noch etwas Ragù geben und den Schmelzkäse gleichmäßig darauf verteilen. Nicht überlappen, sonst wird die Käseschicht zu dick. Anschließend wird der Gouda ebenfalls gleichmäßig darauf verteilt und zu guter Letzt den Emmentaler darüberstreuen. Die Toatn ca. 30 Minuten backen. Dann den Ofen auf 220 °C Oberhitze (Grill) stellen und die Käsekruste schön goldgelb backen. Vorsicht, das geht je nach Ofen sehr schnell. Wäre schade, wenn jetzt noch was schiefginge!

❹ Anrichten nach Belieben mit grünem Salat oder wie in unserem Fall mit Feldsalat und Walnüssen.

REST'L-VERWERTUNG:

Lässt sich wunderbar aufwärmen oder portioniert einfrieren.

Ein edles Gericht und ein Klassiker der bayerischen Küche. Am ansprechenden Erscheinungsbild, der Qualität der Füllung und der Soß erkennt man schnell das gepflegte Gasthaus. Meine Mutter, Tochter eines Metzgermeisters, wusste genau, wo und wie man eine Kalbsbrust „untergreift": Geschickt löste sie zuerst die Knochen aus, dann ein kurzer Schnitt, das Messer beiseitegelegt, und mit der ganzen Hand fuhr sie dann in die Brust, trennte die obere Fleischschicht von der unteren, sodass man in die so entstandene Tasche die Fülle gut einbringen konnte. Das muss sie wohl hundertmal in der väterlichen Metzgerei für die Kundschaft gemacht haben. Und die Herstellung der Fülle meisterte sie ebenso geschickt. Schön locker, mit vui frischem Petersui – gut gewürzt und a bissl nach Zitrone muass' schmecken!

Für 4–6 Personen

G'FÜLLTE KAIBEBRUST

Des brauchst:

1 frische Kalbsbrust (ca. 1,5 kg), *ausgelöst und mit eingeschnittener Tasche (beim Metzer vorbestellen)*
250 g Knödelbrot *(in Würfel oder dünne Scheiben geschnittenes altbackenes Weißbrot)*
300 ml Milch ½ Bund glatte Petersilie
Abrieb von 1 unbehandelten Zitrone 2 Eier 1 Eigelb Selleriesalz
½ TL Muskat 3 EL Bratfett
Salz und frisch gemahlener schwarzer Pfeffer

FÜR DIE SAUCE:

1 Bund Frühlingszwiebeln 5 Stangen Staudensellerie 500 g Karotten
1 Petersilienwurzel 3 EL Bratfett 1 kg Kalbsknochen 100 g Tomatenmark
250 ml Weißwein 1 l Gemüsebrühe 1 EL Crème fraîche 1 EL Butter
Salz und frisch gemahlener Pfeffer

FÜR DIE BOHNEN IM SPECKMANTEL UND DEN ROSENKOHL:

500 g Prinzessbohnen 500 g Rosenkohl 15 dünne Scheiben geräucherter Bauchspeck
3 EL Butterschmalz oder Pflanzenöl 1 EL Butter

Küchengarn 1 große Nadel

Z'erst muasst:

❶ Frühlingszwiebeln und Staudensellerie putzen, waschen und klein schneiden. Karotten und Petersilienwurzel putzen, schälen und in kleine Würfel schneiden. In einem großen Topf das Bratfett erhitzen und die Kalbsknochen darin gut anbraten. Tomatenmark dazugeben, anrösten, dann mit Weißwein ablöschen. Das Gemüse dazugeben, die Flüssigkeit reduzieren und immer wieder Brühe nachgießen. Danach eine gute Stunde zugedeckt köcheln lassen.

❷ Die Kalbsbrust innen und außen salzen.

❸ Das Knödelbrot in eine große Schüssel geben. Milch richtig heiß werden lassen und gleichmäßig über das Knödelbrot gießen. Das Brot 15 Minuten einweichen lassen.

❹ Die Petersilie waschen, trocken schütteln, abzupfen und klein hacken. Petersilie, Zitronenabrieb, Eier und Eigelb zum Knödelbrot geben und alles mit der Hand gut verkneten. Abschmecken mit Selleriesalz, Muskat, Pfeffer und Salz. Nochmals 10 Minuten durchziehen lassen. Dann die Füllung gleichmäßig in die Tasche der Kalbsbrust einbringen, dabei darauf achten, dass keine Luftlöcher entstehen, aber nicht zu sehr vollstopfen, denn die Füllung dehnt sich beim Braten aus. Sollte von der Masse etwas übrig bleiben, in Alufolie wickeln und neben das Fleisch in den Ofen legen. Die Taschenöffnung mit einem Bratfaden und einer großen Nadel oder Ahle zunähen.

❺ Die Bohnen putzen, in Salzwasser blanchieren und abschrecken. Rosenkohl putzen und am Strunk kreuzweise einschneiden. In Salzwasser 3–5 Minuten kochen, sodass die einzelnen Rosen gar sind, aber noch gut Biss haben.

...und so geht's:

❶ Den Ofen auf 160 °C (Umluft) vorheizen. Das Bratfett in einer großen Pfanne erhitzen und die Kalbsbrust von allen Seiten anbraten. Das Fleisch auf einen Rost legen und in den Backofen schieben. Darunter ein Backblech mit hohem Rand (Fettpfanne) platzieren, um den austretenden Fleischsaft aufzufangen. Die Kalbsbrust immer wieder mit Fleischsaft begießen, damit das Äußere nicht austrocknet. Ab und zu etwas Wasser auf das Backblech geben. Nach 1 ½–2 Stunden sollte das Fleisch schön weich sein. Mit einer Fleischgabel testen. Man kann auch ein Bratenthermometer verwenden: Sobald die Kerntemperatur 90 °C erreicht hat, ist der Braten fertig. Den im Backblech aufgefangenen Bratensaft zur Sauce gießen und das Blech wieder in den Ofen unter die Kalbsbrust schieben.

❷ Die Sauce aufkochen. Wenn nötig, noch etwas Brühe dazugeben. Durch ein Sieb passieren und mit Salz und Pfeffer abschmecken. Die Crème fraîche und die Butter sorgen für geschmackliche Finesse.

❸ Von den erkalteten Bohnen die Enden abschneiden, jeweils ca. 12 Bohnen bündeln und mittig fest mit einer Scheibe Speck umwickeln. Pro Person rechnet man zwei Bündel Bohnen. Eine größere Pfanne mit Bratfett heiß werden lassen und die Speckbündel zunächst auf der specküberlappenden Seite anbraten. Das „verschweißt" den Bauchspeck. Mit einer großen Bratzange wenden, bis der Speck rundum gleichmäßig braun ist.

❹ Die restlichen Scheiben Bauchspeck klein schneiden und in einer Pfanne knusprig werden lassen (das geht ohne Bratfett, das fleischeigene Fett genügt). Butter dazugeben und den Rosenkohl darin schwenken.
Alles zusammen servieren.

REST'L-VERWERTUNG:

Ich glaube nicht, dass da was übrigbleibt! Wenn doch, die Kalbsbrust und die Knödel in kleine Stücke schneiden und mit Essig, Öl, Salz und Pfeffer zu einem Knödelsalat verarbeiten. Gut für laue Sommerabende!

Kiata, Faschingsdienstag, Sankt Martin, da gab's koan Radi*, die Auszogne miassn schon sei! Aba ned vom Bäck, sondern hausg'macht! Als Buben forderten wir dieses Gebäck immer wieder vehement von unserer Mutter ein. Auch wenn sie zunächst mal mit allen möglichen Ausreden kam, wie zum Beispiel „Hab keine Zeit" oder „Bis euch wieder schlecht wird", gab es kein Entrinnen. Am Ende willigte sie dann doch mit gütigem Blick, geschmeichelt und nicht ohne Stolz ein. Weil koa andre kann des so wia sie!*

Für ca. 40 Nudeln

AUSZOGNE KIATANUDLN

Für eine Horde hungriger Kiatabuam

Des brauchst:

1 kg Weizenmehl (Type 405)
500 ml Milch, *60 ml extra für den Vorteig*
1 ½ Würfel frische Hefe
140 g Zucker, *und 4 EL Zucker extra für den Vorteig*
3 Eier (ganz)
3 Eigelbe
1 Handvoll Rosinen
Abrieb von 1 unbehandelten Zitrone
ca. 1 l Sonnenblumenöl oder Butterschmalz zum Ausbacken
Mehl für die Arbeitsplatte
Puderzucker zum Bestäuben

* *Kiata = Kirchweihfest; da gab's koan Radi = Ende der Diskussion*

Z'erst muasst:

❶ Das Mehl in eine Rührschüssel sieben. 60 ml Milch vorsichtig erwärmen, bis sie lauwarm ist. A Dampferl machen, und das geht so: Eine ausreichend große Kuhle in das gesiebte Mehl drücken, die Hefe klein bröseln und hineingeben, mit 4 EL Zucker bestreuen und warme Milch dazugeben, bis die Kuhle gefüllt ist. Vorsichtig nur die Hefe und die Milch verrühren. Mit einem Geschirrtuch abdecken und in einen warmen Raum stellen. Je nach Raumtemperatur dauert das Gehen des Vorteigs zwischen 10 und 20 Minuten.

❷ Bevor des Dampferl nicht aufgegangen ist, d.h. Blasen schlägt, nicht weitermachen. Hefeteig braucht Zeit.

❸ Dann mit den Knethaken des Rührgeräts oder der Küchenmaschine bei langsamer Geschwindigkeit zu rühren beginnen. Nach und nach die restliche Milch, die Eier und die Eigelbe unterrühren. Zucker, Rosinen und den Zitronenabrieb dazugeben. Den Teig schön glatt rühren. Die Schüssel abdecken und an einem warmen Ort (z.B. auf dem Heizkörper, an einem sonnigen Fenster oder im Backofen bei 25–28 °C) gehen lassen. Wenn der Teig schier aus der Schüssel quillt, kann's losgehen.

...und so geht's:

❶ Etwas Mehl auf der Arbeitsplatte ausstreuen, mit einer Spatel jeweils eine Portion Teig abstechen (etwa so groß wie ein kleiner Knödel) und auf die Platte legen. Die Handflächen mit Mehl bestäuben und zunächst einen Knödel formen, dann flach drücken und den Teig nach außen ziehen, sodass er in der Mitte sehr dünn ist, aber nicht reißt, und der Rand ringsum einen Wulst bildet. Das erfordert etwas Fingerspitzengefühl. Einen großen flachen Topf erhitzen und Öl oder Butterschmalz heiß werden lassen. Das Fett muss ca. 2,5–3 cm hoch in der Pfanne stehen, damit die Auszognen schön schwimmen können. Die richtige Temperatur kann man bestimmen, indem man eine kleine Teigprobe ins heiße Fett gibt.

❷ Wenn die endgültige Form erreicht ist, die Auszognen mit dem Wulst nach oben ins Fett gleiten lassen. **Vorsicht** ist geboten, denn mit Spritzern vom heißen Fett kann man sich bös verbrennen. Nach kurzer Zeit, wenn die untere Seite goldgelb frittiert ist, die Auszognen mit einer Gabel wenden. Wenn die andere Seite ebenfalls goldgelb frittiert ist, das Gebäck mit einer Schaumkelle aus dem Topf nehmen und auf ein Blech mit reichlich Küchenpapier legen. Alle Auszognen erkalten lassen und mit Puderzucker bestäuben.

REST'L-VERWERTUNG:

Auszogne lassen sich recht gut einfrieren.

– Sommer –

HEU MACHA, ERNT'N, DANKSCHEE SOGN ...

Unendlich viel wurde über diese elegante und wohl schönste Art des Fischens geschrieben. Allerdings hat nur ein einziger Satz aus einem Hollywoodfilm das ausgesagt, was eine große Anzahl von Literaten versucht hat, mit vielen Worten zu beschreiben: „Das Leben findet zwischen 10 und 2 Uhr statt". Damit ist der Rückschwung und Vorschwung der Fliegenrute gemeint, gleich einem Zeiger am Ziffernblatt einer Uhr. Und dieser Film hieß: „In der Mitte entspringt ein Fluss". Wunderschön von Regisseur Robert Redford in Szene gesetzt, zeigt der Film die ganze Faszination des Fliegenfischens. Mich hat dieses Virus schon vor vielen Jahren erwischt und noch immer lerne ich dazu. Sei es neue, noch raffiniertere Fliegen zu binden oder einfach meine Wurftechnik zu verbessern. Ein Leben wird wohl nicht ausreichen, alles über das Fliegenfischen zu lernen. Die Stunden am heimischen Wasser, das Rauschen der Wasserfälle und die Aufregung, wenn schließlich eine kapitale Forelle nach der künstlichen Fliege schnappt, möchte ich nie missen. Meist vergesse ich Zeit und Raum um mich herum, bin einfach gefangen von der Schönheit der Natur. Nach erfolgreichem Drill schau ich auf die Forelle im Kescher. Die Entscheidung, den Fisch unverletzt zurückzusetzen (ich fische generell ohne Widerhaken) oder ihn mit nach Hause zu nehmen, obliegt allein mir. Nur zu oft wähle ich das Zurücksetzen und den Fisch damit in die Freiheit zu entlassen.

Es gibt etliche hervorragende Gerichte rund um die Forelle. Das Edelste darunter ist aber meiner Meinung nach die Forelle blau. Entscheidend: die sanfte Garung. Eine Forelle wird nicht gekocht, man lässt sie kurz vor dem Siedepunkt des Wassers ziehen. Das war schon zu König Ludwigs Zeiten so. Und die Forelle blau war eine seiner Leibspeisen.

**Kini = König, hier: König Ludwig II. von Bayern*

BACHFORELLE

blau wia beim Kini — *Für 4 Personen*

Des brauchst:

4 Bachforellen
130 g Salz
1 Zwiebel
3 Nelken
1 ½ kg speckige Kartoffeln oder – wenn erhältlich – Frühkartoffeln
½ l Weißwein
½ l Weißweinessig
Juliennes von 2 Karotten, 3 Stangen Staudensellerie, sowie 3 Frühlingszwiebeln
1 Bund glatte Petersilie
1 unbehandelte Zitrone
10 Pfefferkörner
250 g Butter

Z'erst muasst:

❶ Forellen, falls noch nicht passiert, innen gut reinigen. Zuerst die Innereien, vor allem die Nieren entfernen. Das ist der dunkle Streifen unterhalb der Wirbelsäule. Aus 130 g Salz und 4 l Wasser eine Salzlake mischen. Die Forelle gut salzen, mit der Lake übergießen und mehrere Stunden kühl stellen, gern auch über Nacht. Fisch nimmt generell nur sehr schwer Salz an. Das lange Einlegen hat zudem den Vorteil, dass die Forelle sich nicht verwindet und reißt. Die Zwiebel schälen und mit den Nelken spicken. Die Kartoffeln schälen, halbieren und in kaltes Wasser legen.

...und so geht's:

❷ Die Kartoffeln ca. 35 Minuten in Salzwasser kochen, abseihen und in einen heißen Topf geben.

❸ Einen ovalen Topf oder speziellen Fischkochtopf zur Hälfte mit Wasser füllen. Wein, Weinessig, die Juliennes, die gespickte Zwiebel und einen Großteil der Petersilie dazugeben. Die Zitrone halbieren und mit den angedrückten Pfefferkörnern hinzufügen. Einmal aufkochen lassen, dann die Hitze reduzieren. Die Fische mit dem Bauch nach oben in den Topf geben, mit der Kelle nach unten drücken, bis der Bauchraum voll Wasser ist. Den Deckel auflegen und 17 Minuten gar ziehen lassen. Nicht kochen.

❹ Die Butter in einem kleinen Topf erhitzen. Wenn sie beginnt braun zu werden (Nussbutter), sofort vom Herd nehmen, sonst verbrennt sie. Auf einem kleinen Rechaud warm stellen. Die übrige Petersilie hacken, über die Kartoffeln geben und diese zudecken. Die Forelle möglichst gleichzeitig mit den Beilagen servieren.

EST'L-VERWERTUNG:
…llte von der Forelle etwas übrigbleiben, kann man daraus …inen **Aufstrich** *machen (siehe Dreierlei Obatzde, Seite 74).*

Der Gigi hat mit Bayern etwa sovui z'duan wie da Eiffelturm mit München ... gar nix! Der Gigi hieß in Wirklichkeit Louis Delmaestro. Er war der freundliche Geschäftsführer eines meiner Lieblingslokale in L. A. und der Erfinder des legendären „Gigi-Salad", ausgesprochen „Tschitschi Säled". Dort zubereitet mit Jumbo Black Tiger Prawns (Riesengarnelen), die mit Bayern ebenfalls nix zu tun haben. Nun gibt es aber bei uns seit ein paar Jahren eine kleine Garnelenzucht bei Freising, nahe am Münchner Flughafen, und diese Viecherl dort stehen ihren großen Brüdern aus Taiwan, Formosa oder Bangladesch in nix nach. Ganz im Gegenteil: Die schmecken no vui besser und san a no frisch. Sauba, sog i! Deshalb stehen sie im Pageou von Ali Güngörmus, meinem Münchner Lieblingslokal, auch täglich auf der Karte. Und Schwuppdiwupp wird aus einem kalifornischen Krustentiersalat a boarischer Garnelensalat und da Gigi schaut vom Himme' aus zua!

BOARISCHER GARNELENSALAT VOM GIGI

Für 4 Personen

Des brauchst:

500 g frische Garnelen
250 g geräucherter Bauchspeck
200 g Prinzessbohnen
5 Eier
200 g Kirschtomaten
1 rote Zwiebel
200 g Baby Romanasalat
1 vollreife Avocado
Saft von 1 Zitrone
5 EL Olivenöl
3 EL Rotweinessig
Selleriesalz
Salz und frisch gemahlener schwarzer Pfeffer

Z'erst muasst:

❶ Die Garnelen von der Schale befreien und kurz in Salzwasser blanchieren. Abkühlen lassen. Den Bauchspeck klein würfeln, kross braten und auf einem Küchenpapier abtropfen lassen. Prinzessbohnen 8 Minuten in Salzwasser kochen und kalt abschrecken. Die Eier etwa 7 Minuten hart kochen und erkalten lassen. Die Kirschtomaten vierteln. Die Zwiebel grob würfeln. Den Salat waschen und in 2 cm breite Streifen schneiden. Die erkalteten Eier in Eiweiß und Eigelb trennen. Das Eiweiß klein hacken, getrennt davon auch die Eigelbe. Die Avocado schälen und in Würfel schneiden. Sofort mit dem Saft der Zitrone übergießen, dann bleibt sie grün.

...und so geht's:

❷ Die Garnelen in mundgerechte Stücke schneiden. Mit allen übrigen Zutaten in einer großen Rührschüssel vermengen. Mit Selleriesalz, Salz und Pfeffer abschmecken und servieren.

Oft sind es die einfachen Dinge, die das Leben lebenswert machen. Bei meinen vielen Reisen ins Ultental zu meinem lieben Freund und Bergführer Heinrich Gruber und seiner wunderbaren Frau Herta erlebe ich immer wieder aufs Neue diesen Aha-Effekt. Bodenständig und bescheiden leben die beiden in einem kleinen, wunderschönen Fachwerkhaus unterhalb des Dorfes. „Bleibst zum Abendessen? Sch' gibt hoit nur an Gmiasstrudl!" Und wie ich Hertas Gemüsestrudel mag! Sie ist eine hervorragende Köchin und ich habe bei ihr immer nur Köstliches bekommen. Gern nehme ich jedes Mal die herzliche Einladung an. Mit viel Liebe und Können bereitet sie den deftigen Gemüsestrudel zu. Es duftet schon in der kleinen Küche. Goldbraun serviert sie ihn und am Ende bleibt vom Strudel nix mehr übrig.*

Und auch des ein oder andre Flascherl Wein is leer ...

** Gmias = Gemüse*

Für 2 Personen (1 Strudel)

GMIASSTRUDL

von da Herta

Des brauchst:

1 Zwiebel 50 g Lauch 1 EL Butter 3–4 Wirsingblätter oder entsprechend auch Spinatblätter 2 Karotten 100 g Champignons 2 Zucchini (alternativ Auberginen, Spargel usw., je nach Saison) 100 g Mozzarella (oder anderer Käse nach Belieben) 230 g Blätterteig 1 kl. Glas gehackte eingelegte Pelati-Tomaten oder etwas Tomatensugo je 1 TL getrockneter Oregano und getrocknetes Basilikum 100 g frisch geriebener Parmesan 1 Ei Salz und frisch gemahlener schwarzer Pfeffer

Z'erst muasst:

Zwiebel und Lauch in Ringe schneiden und in der Butter anbraten, die Wirsingblätter blanchieren, Karotten grob raspeln, Champignons in Scheiben schneiden, Zucchini und Mozzarella in kleine Würfel schneiden.

...und so geht's:

Den Ofen auf 200 °C (Umluft) vorheizen. Den Blätterteig ausrollen und mit den Wirsingblättern belegen, Pelati oder Sugo darauf verteilen, in der Mitte des Teigs Zwiebelringe, Lauch, Karotten, Zucchini, Mozzarella, Champignons aufschichten und mit Salz, Pfeffer, Oregano und Basilikum würzen. Mit reichlich Parmesankäse bestreuen. Den Teig übereinanderschlagen, mit verquirlten Ei bestreichen und 35–40 Minuten backen.

Wenn ich dann wieder mal eine Kalbsschulter für meine Weißwürscht pariere, bleibt meist ein schönes Stückerl Fleisch übrig, das dicke Bugstück. Zu schad für die Wurscht, aber ideal für die Bröslfetzn, wie die kleinen panierten Schnitzel bei uns heißen. Viel billiger als die Oberschale vom Schlegel, aber genauso gut. Einziger Nachteil: Es sind halt kleinere Fetzn und optisch ned so schön wie Fleisch vom Schlegel. Dazu einen guten suppigen Kartoffelsalat, wie man ihn bei uns daheim macht.

BRÖSLFETZN

VOM KAIBE MIT KARTOFFESALAT *Für 4 Personen*

Des brauchst:

1 kg Kalbfleisch vom dicken Bug   100 g Mehl   4 Eier   1 Prise Muskat   100 g Semmelbrösel (am besten vom Bäcker – bei unserem gibt's sogar Dinkelsemmelbrösel)   100 g Butterschmalz   50 g Butter   Salz und frisch gemahlener schwarzer Pfeffer

FÜR DEN KARTOFFELSALAT: 1 kg festkochende Kartoffeln   2 weiße Zwiebeln   ½ l Fleischbrühe   4–6 EL Weißweinessig (je nach Geschmack)   6 EL Raps- oder Sonnenblumenöl   Salz und frisch gemahlener schwarzer Pfeffer

Z'erst muasst:

❶ Kartoffeln mit der Schale kochen (ca. 35 Minuten) und etwas abkühlen lassen. Die lauwarmen Kartoffeln schälen, in gleich dicke Scheiben schneiden und in eine große Schüssel geben. Zwiebeln schälen, fein hacken und dazugeben.

❷ Fleischbrühe erhitzen und über die Kartoffeln gießen. Essig und Öl darübergeben. Alles vorsichtig vermengen – dabei aufpassen, dass die Kartoffelscheiben nicht zu Matsch zerfallen. Mit Salz und einer kräftigen Prise Pfeffer abschmecken. Mindestens eine Stunde ziehen lassen.

...und so geht's:

❸ Der dicke Bug hat eine Sehne quer durch, diese rausschneiden. Das Fleisch in ca. 1 cm dicke Scheiben schneiden, die ruhig unterschiedlich groß sein können. Die Fetzn von beiden Seiten dünn klopfen und pfeffern, nicht salzen.

❹ Drei große Suppenteller oder flache Schalen nebeneinanderstellen. In den ersten Teller kommt Mehl. In dem zweiten Teller die Eier aufschlagen und mit Muskat gut vermischen. Im dritten Teller die Semmelbrösel und eine Prise Salz gut vermengen.

❺ Die Fetzn im ersten Teller mehlieren, dann im zweiten in der Eiermasse schwenken (das ganze Schnitzel muss feucht sein), dann in Teller 3 gut mit Semmelbröseln panieren.

❻ Eine große Pfanne erhitzen, darin das Butterschmalz heiß werden lassen. In einer zweiten großen Pfanne die Butter schmelzen, aber nicht braun werden lassen. Die Fetzn portionsweise in die erste Pfanne geben und auf beiden Seiten goldbraun braten. Anschließend in die zweite Pfanne legen und mit einem Esslöffel die Butter über das Fleisch schöpfen. Wenden und mit der zweiten Fleischseite ebenso verfahren. Die Fleischstücke mit einer Zange vorsichtig herausnehmen, das Fett abtropfen lassen und zum Servieren auf eine Platte mit Küchenpapier geben.

REST'L-VERWERTUNG:

Kartoffelsalat hält gut gekühlt 1–2 Tage.
Die Bröslfetzn kann man kalt essen,
zum Beispiel in eine Semmel geklemmt.

Ja wos gibt's denn heit auf'd Nacht? Na' bitte ned scho' wieder a Rehragout.
Irgendwann moi host einfach koa' Lust auf die scheensten boarischen Traditionsgerichte.
Was tun? Eine kleine Hommage an Thailand vielleicht? Die traditionelle Suppn
mit bayerischem Kolorit? Eine Variante mit Flusskrebserl, Schwammerl und dem feinen Spitzkraut?
Genau, des war' doch amoi' was! Leicht, bekömmlich und gsund!
Und weil meine Freunde sie so arg lieben, haben sie ihr
meinen Spitznamen „Falty" gegeben.

Für 4 Personen

TOM YUM FALTY

Des brauchst:

1 kleiner Spitzkohl 2 Zitronen 2 Limetten
60 g Ingwer 3 Stangen Zitronengras 1 frische rote Chilischote
1 TL Chilipulver 3 EL Dashi Kombu (instant Bonito Stock, im Asialaden erhältlich)
200 g Egerlinge oder weiße Champignons
400 g Flusskrebsschwänze (vorgekocht, ausgelöst, meist als TK-Ware erhältlich)
1 Bund Koriander 4 EL gekochter Reis (nach Belieben)

Z'erst muasst:

❶ Spitzkraut der Länge nach durchschneiden und den Strunk entfernen. In feine Streifen schneiden. Zitronen und Limetten auspressen und Saft bereitstellen. Ingwer schälen und ganz fein würfeln. Chilischote der Länge nach durchschneiden, Samen entfernen, dann in kleine Streifen schneiden (nicht zu klein, sonst sieht man sie nicht mehr, es könnte ja sein, dass jemand die zusätzliche Schärfe nicht mag oder verträgt und die roten Teilchen aus der Suppe fischen möchte). Das Zitronengras mit scharfem Messer in längliche, ca. 5 cm lange, rautenförmige Stücke schneiden. Man soll sie später sehen und entfernen können. Sie sind lediglich Geschmacksgeber, zum Verzehr jedoch nicht geeignet.

...und so geht's:

❷ 2 l Wasser zum Kochen bringen. Dashi-Granulat dazugeben und kräftig mit einem Schneebesen umrühren. Den Spitzkohl hinzufügen und diesen bei mäßiger Hitze ca. 1 Stunde einkochen lassen. Das Zitronengras, Chili und den Ingwer dazugeben und weitere 30 Minuten köcheln lassen. Erst jetzt den Zitronensaft und die Pilze dazugeben. Weitere 10 Minuten ziehen lassen, nicht mehr köcheln. Die Flusskrebse in einen Seiher geben, diesen in die Suppe hängen, sodass die Krebse in reiner Brühe hängen und die Hitze erhöhen. Wenn die Krebse schön heiß sind, portionsweise in vorgewärmte Suppenteller oder Suppentassen geben. Danach mit einer Kelle die ungefilterte Brühe mitsamt Zitronengras etc. dazugeben. Warum das ganze Spektakel? Weil sonst die vergessenen Krebsschwänze irgendwo im Topf umherschwimmen und weich werden. Bei einem eventuellen Nachschlag können die Flusskrebse von Neuem warm gemacht werden. Den Koriander zupfen, also vom Stiel trennen und fein hacken. Im Gegensatz zur Petersilie sollen die Blätter noch gut zu erkennen sein. Vor dem Servieren den frischen Koriander daraufstreuen. Je nach Geschmack etwas gekochten Reis dazugeben.

REST'L-VERWERTUNG:

Übrige Brühe abseihen und einfrieren. Ergibt einen kräftigen Fond für neue Tom Yum Falty. Von den Krebsschwänzen wird vermutlich eh nix überbleiben.

Wenn da amoi der „normale" Obatzde zum Hois raushängt und dir a sonst koa gwandte Vorspeis einfällt, dann mach's hoid einfach amoi anders. Eine pfundige Kombination aus Grün, Rot und Gelb. Da fragen's dann, die de Gäst: „Ja mei, wia host denn des wieda gmacht?" Ganz einfach: a bissl in da Küch rumbatzn!*

**rumbatzn = rumkleckern*

DREIERLEI OBATZDE

Für 4 Personen

Des brauchst:

FÜR DEN KÄSE-OBATZDN:

40 g Butter 200 g Camembert (reif und weich) 120 g Frischkäse 2 EL Rote-Bete-Saft
2 TL Paprikapulver edelsüß 2 EL Olivenöl Salz und frisch gemahlener schwarzer Pfeffer

FÜR DEN FORELLEN-OBATZDN:

5 Eier 350 g geräuchertes Forellenfilet 100 g Kaviar vom Saibling 100 g leichte Mayonnaise
1 TL Kurkuma Szechuanpfeffer Salz

FÜR DEN AVOCADO-OBATZDN:

3 Avocados (gut reif) 1 Zitrone 2 Limetten 1 Bund Koriander
1 Prise Chilipulver 2 EL Olivenöl
Salz und frisch gemahlener schwarzer Pfeffer

Z'erst muasst:

... einkaufen.

...und so geht's:

Traditionell werden beim Obatzdn die Zutaten mit einer Gabel gut zerdrückt und vermischt. Deutlich schneller und besser geht es allerdings mit einem Pürierstab oder einer Küchenmaschine. Das Resultat ist dann auch wesentlich homogener und ansehnlicher.

KÄSE-OBATZDA:

Butter in einem kleinen Topf zergehen lassen, in einer Rührschüssel mit allen übrigen Zutaten vermischen und abschmecken.

FORELLEN-OBATZDA:

Eier hart kochen und abkühlen lassen. Filets auf Gräten absuchen – das geht am besten mit den Fingern. Gegebenenfalls mit einer Pinzette entfernen. Die Eier schälen und das Eigelb mit den restlichen Zutaten außer Kaviar und Eiweiß vermischen und abschmecken. Eiweiß klein hacken und zusammen mit dem Kaviar unterheben.

AVOCADO-OBATZDA:

Avocados halbieren, Kerne entfernen und schälen. Die Avocados zerkleinern, Zitrone und Limetten auspressen. Das Koriandergrün waschen, trocken schütteln oder tupfen, abzupfen, klein hacken und beiseitestellen. Die restlichen Zutaten vermischen. Am Schluss den Koriander unterheben und mit Pfeffer und Salz abschmecken.

HEIT GIBT'S
SPECKKNÖDL

Das Hüttengericht schlechthin. Kaum eine Schihütte oder ein Almgasthof, bei dem dieses Gericht nicht auf der Speisekarte steht. Oft aber san's hart wia a Kanonenkugel oder du brauchst a Lup'n, um den Speck zu segn. Dabei solltn's locker und luftig sein, mit reichlich Speck und Petersilie. Freilich ist der Speckknödel erst mal als Suppeneinlage gedacht, aber auch mit Salat in allen Variationen ist er ein beliebtes Gericht. Bei uns dahoam hat man dazu oft Gurkensalat mit Dillrahm gegessen. Dazu hat man die Gurken in dünne Scheiben geschnitten, gesalzen und dann ziehen lassen. Mit der Zeit bildet sich Wasser und man drückt die Gurken fest aus. Zurück bleiben lätscherte, also weiche Gurkenscheiben.Ich mach es anders.

SPECKKNÖDEL

mit Dillrahm-Gurkensalat

Für 4 Personen

Des brauchst:

300 g geräucherter Speck
50 g Butterschmalz
½ Bund glatte Petersilie
2 weiße Zwiebeln
500 g Knödelbrot
300 ml Milch
8 Eier
2 Eigelbe
Salz

FÜR DEN GURKENSALAT:

1 Bund Dill
3 Salatgurken
200 g Schmand
200 g Sauerrahm
Selleriesalz
Weißer Pfeffer
Salz

Z'erst muasst:

Den Speck würfeln und mit etwas Butterschmalz auslassen. Nicht kross werden lassen. Petersilie waschen und fein hacken. Die Zwiebeln fein hacken und ebenfalls mit Butterschmalz glasig werden lassen. Knödelbrot in eine große Schüssel geben, den Speck und die Zwiebeln mitsamt dem Fett darübergießen. Die Milch leicht erhitzen und ebenfalls gleichmäßig auf die Knödelmasse schütten. 30 Minuten einweichen lassen. Die Eier und die Eigelbe hinzufügen. Petersilie hinzufügen, alles gut vermengen und weitere 30 Minuten ruhen lassen.

Für den Gurkensalat den Dill waschen und fein hacken. Die Gurken schälen und der Länge nach halbieren. Beim Längsschnitt möglichst genau in der Mitte der Gurke bleiben, sodass zwei gleiche Hälften entstehen. Mit einem Teelöffel die Kerne herausschaben. Dann schneidet man 4–5 mm breite Halbmonde. Die Gurkenstücke in eine Schüssel geben, leicht salzen und 30 Minuten ziehen lassen. Dann abseihen, aber den Gurkensaft auffangen.

...und so geht's:

Den Schmand und den Sauerrahm mit dem Dill in einer Schüssel verrühren. Nach Bedarf mit dem Gurkensaft und gegebenenfalls mit etwas Milch verdünnen. Es sollte eine sämige, nicht zu feste aber auch keine dünnflüssige Sauce werden. Abschmecken mit Selleriesalz, Muskat und Pfeffer. Die Gurkenstücke beigeben und alles gut vermengen.

Währenddessen einen Topf mit Salzwasser aufsetzen. Aus der vorbereiteten Masse Knödel formen und ins sprudelnde Salzwasser geben. Die Knödel ab und zu schwänzen, d. h. mit einer Gabel im Wasser drehen. Nach ca. 20 Minuten die Knödel aus dem Wasser heben und zusammen mit dem Gurkensalat auf einem Teller anrichten und servieren.

REST'L-VERWERTUNG:

Gurkensalat kann man gekühlt ein paar Tage aufheben.
Knödel aufwärmen oder ein G'röstl zubereiten.

In der Morgendämmerung gibt's irgendwo in einem kleinen Dorf in Bayern ein Riesengeschrei und Gequieke: Der Sau geht's an den Kragen. Auf dem Bauernhof ist die ganze Familie bereits auf den Beinen. Der Hofmetzger setzt zum Bolzenschuss an. Jetzt wird's hektisch auf dem Hof. Es gibt viel zu tun, um das ganze Schwein zu verwerten. Mit einem riesigen Fleischerbeil zerteilt der Metzger das Tier der Länge nach. Das macht er offensichtlich nicht zum ersten Mal. Bald hängen die einzelnen Fleischteile geordnet am Fleischhaken. Diese Szenerie gehört seit eh und je zum Alltag auf einem Bauernhof. Es würde dort auch niemand sagen: des' arme Schwein. Fleisch gehört hier zu den Grundnahrungsmitteln wie Getreide, Gemüse, Salat und Obst. Einer der schönsten und urigsten Bräuche in Bayern ist das Schlachtessen oder auch Kesselfleisch, zu dem der Besitzer des Schweins gern mal Nachbarn und Freunde einlädt – so wie wir. In einem großen Kessel wird Wasser erhitzt und die einzelnen Teile der Sau gesotten. Primär dienen diese Stücke der Herstellung von allerlei Wurst wie z.B. Leberwurst, Presssack oder Schwartenmagen, aber die willkommene und allseits begehrte „Zweitverwertung" ist etwas ganz Besonderes. Mit frischem Brot und gehackten Zwiebeln serviert, eine Köstlichkeit. Natürlich darf ein frisch Gezapftes nicht fehlen und a' Schnapserl danach, weil's halt schon a bisserl fett war. Aber das gehört auch dazu.

KESSELFLEISCH

Für 10–15 Personen

Des brauchst:

allerlei Fleischstücke vom Schwein:
Kronfleisch
Herz
Zunge
Kopf/Backerl
2 kg Wammerl (Bauchfleisch)
2 kg Schulterstück

FÜR DIE BRÜHE:
1 Stange Lauch
3 Zwiebel
1 Bund glatte Petersilie
1 Staude Stangensellerie
200 g Salz
20 g Pfeffer, gemahlen

DAZU NOCH:
Schwarzbrot
2 kg Zwiebelringe
Salz und frisch gemahlener schwarzer Pfeffer

Z'erst muasst:

❶ Einen Hockerkocher (ca. 32 kW Leistung) und einen großen Kessel mit 30–60 l Fassungsvermögen besorgen. Gemüse putzen und würfeln.

...und so geht's:

❷ Ca. 25 l Wasser einfüllen, Salz, Pfeffer und das Gemüse dazugeben und aufheizen. Wenn das Wasser siedet, die Fleischstücke dazugeben und ca. 3 Stunden leicht wallen lassen. Einzelne Fleischstücke aus dem Kessel holen, Scheiben je nach Gusto schneiden und sofort mit Brot, gehackten Zwiebeln sowie Salz und Pfeffer servieren. Das restliche Fleischstück bis zur nächsten Portion zurück in den Kessel geben.

REST'L-VERWERTUNG:

Auf dem Hof würde jetzt das übrige Fleisch für die Wurstherstellung verwendet. Es ist aber anzunehmen, dass bei unserem Kesselfleisch außer einigen Speckschwarten nix übrigbleibt.

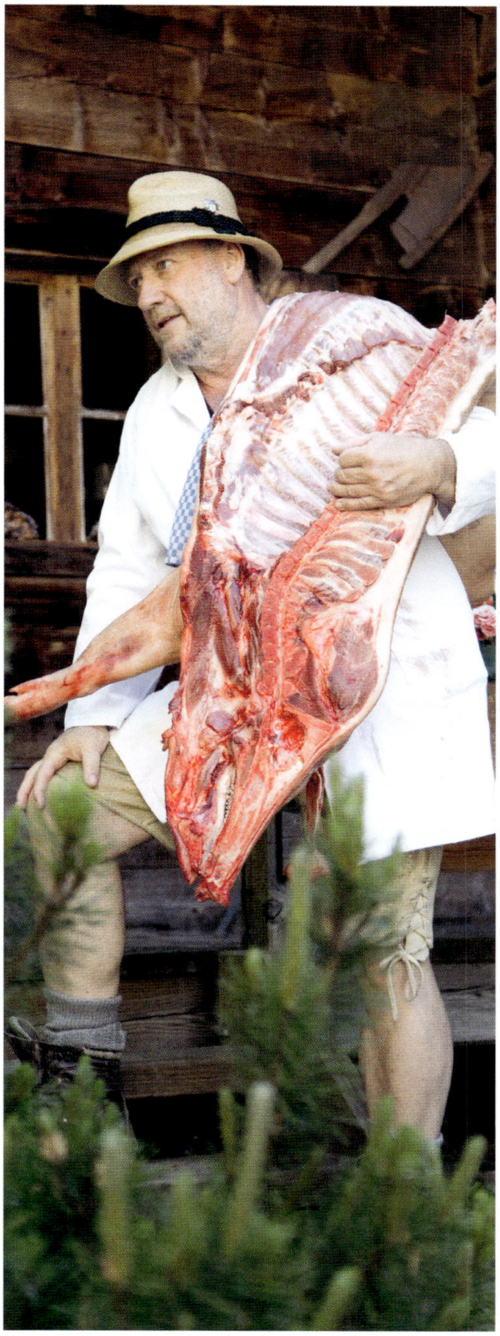

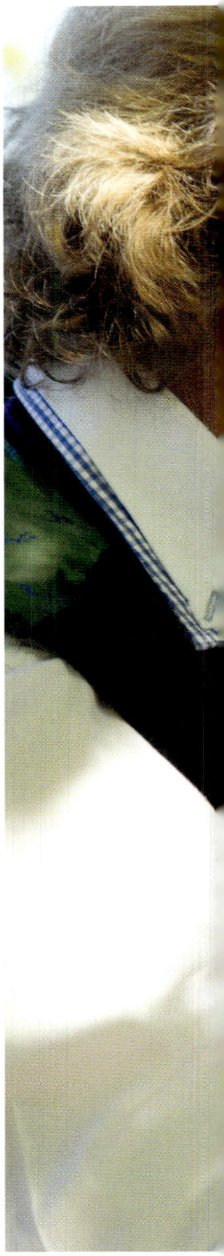

MEINE KÜCHE – *wie ich sie sehe*

Früher bestanden die Mahlzeiten häufig aus Speisen, die man nach harter körperlicher Arbeit zu sich nahm. Schmackhaft, aber oft ein bisschen eintönig und nicht recht abwechslungsreich. Das war natürlich auch regional bedingt. Bayern war von jeher Bauernland, ein armes Land, das keine Zutaten für erlesene Gerichte erzeugte. Der Freistaat liegt teilweise relativ hoch – München auf 540 m über dem Meeresspiegel – allein dies schließt bereits eine bunte Vielfalt im Gemüse- und Obstanbau aus. Die Winter sind hier zudem oft extrem hart. Die bayerische Küche zeigt sich zum einen sehr fleischlastig, zum anderen ist sie manchmal auch nicht gerade gesund. Der Begriff „al dente" war ein Fremdwort in der alten bayerischen Küche. Fleisch wurde geschmort und gegart, bis es weich war. Mehr nicht. Es fehlte die Raffinesse beim Kochen, wie etwa in Frankreich. Auch die Italiener tun sich vor allem wegen ihrer Produkte da etwas leichter. Italien ist ein Sonnenland. So etwas wie reife Tomaten hat es bei uns einfach nicht gegeben. Bis eine Tomate mal reif wurde, war es Herbst. In Bayern wachsen gute Kartoffeln, Salat und wenige Gemüsesorten, unserem Breitengrad und der Meereshöhe entsprechend, das ist es dann aber auch schon. Unsere Züchter erzeugen gutes Fleisch und Geflügel, hervorragendes Wild steht in den Wäldern, unsere Flüsse und Seen sind voll von köstlichem Fisch, aber an originellem Gemüse und interessanten Gewürzen fehlt es. Der Bayer kocht mit Salz, Pfeffer und Paprika oder vielleicht grade noch mit Knoblauch.

EINKAUF UND WERTIGKEIT

Man sollte nicht einfach glauben, dass man sich irgendwo ein günstiges Stück Fleisch kaufen und mit einer ausgefeilten Rezeptur ein wunderbares Gericht zaubern kann. Die Ausgangsware ist entscheidend. Das ist wie beim Hausbau: Der Keller muss stimmen, dann kann man drauf bauen, sonst fällt alles in sich zusammen. Das fängt beim Fleisch an und reicht bis zu den Gewürzen. Was ist der Unterschied bei Rosenpaprika? Der eine ist nicht frisch, hat keine Farbe mehr, schmeckt dementsprechend fad. Für das Gericht braucht man aber auch Farbe, als eine erkennbare Zutat, die das Auge sieht. Wenn gemahlener Paprika nicht feuerrot ist, dann schaut das Gericht auch nicht feuerrot aus. Grundzutaten sind das Wichtigste beim Kochen: Wer das Beste erwartet, muss auch das Beste kaufen. Das klingt teuer, aber es ist jeden Cent wert. Kochguru Alfons Schubeck hat das mal auf den Punkt getroffen: Es ist unglaublich, dass ein Mensch sich an einer Tankstelle einen Liter Motoröl für 25,99 Euro für sein Auto kauft, dann geht er zum Discounter und kauft für sich selbst einen halben Liter Olivenöl für 1,99 Euro. Damit ist die kulinarische Welt aus den Fugen geraten, die Relation stimmt einfach nicht. Ein gutes Olivenöl ist teuer, das ist es aber wert. Es ist schließlich ein Nahrungsmittel, das man zu sich nimmt. So wichtig sollte einem sein Körper schon sein. Geiz ist eben nicht geil.

ÜBER DIE HAUSMANNSKOST

Die Hausmannskost ist eher ein kleines, vor sich hin darbendes Pflanzerl. Fast schon vergessen und in einem anderen Orbit als die TV-Küchenschlachten zu Hause. Nicht cool, nicht hip, aber mia hamms immer scho gessn und lebn heit no. Wir wussten früher nichts von Omega 3 und Ballaststoffen. Ich wünsche mir, dass sich der ein oder andere doch mal die Zeit nimmt, eines meiner Gerichte nachzukochen und Gefallen daran findet. Ich glaube, das ist es wert. Er wird damit zum Zeitzeugen. Für jeden ist etwas dabei, um es in die eigene Küche integrieren zu können. Vieles ist schon dagewesen, aber es gibt doch einige Finessen, die ich mit Ihnen teilen möchte. Wie ich beispielsweise ein traditionelles Gericht zubereite, etwa den Schweinebraten, wie ich das Fleisch aussuche, wann ich es rausnehme, wie die dazugehörige Sauce dunkel wird (ohne Saucenhilfe aus dem Regal). Kleinigkeiten, aber doch sehr wichtig. Jedes Fleisch, jedes Gemüse, jeder Fisch hat andere Eigenschaften im Würzbereich, je nach pH-Wert nimmt Fleisch das Salz anders an.

ZUM REST'L-ESSEN

Einst trafen sich zwei Planeten im Weltall. Sagt der eine zum anderen: „Du schaugst aber schlecht aus, bist' krank?" Sagt der andere: „Ja, mir geht's schlecht, ich hab' Homo sapiens!" Daraufhin erwidert der erste altklug: „Aso! Ja des hob i a amoi g'habt! Aber mach da nix draus, des geht von ganz aloa vorbei!" In diesem Witz steckt leider mehr Wahrheit, als uns lieb sein kann. Unsere Erde, dieser wunderbare blaugrüne Planet, wird leider vom Homo sapiens derart ausgenutzt, ausgesaugt, geprügelt, getreten, beschmutzt, dass er sich irgendwann massiv wehren wird. Die Ignoranz und Rücksichtslosigkeit der Menschheit scheint grenzenlos zu sein. Eine Wegwerfgeneration feiert Hochkonjunktur. Was stört, fliegt in hohem Bogen raus. Hauptsache, man sieht es nicht mehr. Wir werfen Sachen in den Mülleimer, von dem so manche Fußballmannschaft satt werden würde. Irrwitzige EU-Richtlinien verbieten Unternehmen, Reste oder Abschnitte von Gemüse an die Bauern abzugeben. Ja, sogar eine DIN-Norm zwingt unsere Gurken, gefälligst gerade und nicht krumm zu wachsen, sonst werden sie entsorgt. Auch der zu kleine oder nicht der Farbennorm entsprechende Apfel fällt durchs Raster und leider nicht in den Entsafter, sondern in die Entsorgung. Ich habe im Land der unbegrenzten Möglichkeiten Mülleimer gesehen, in denen halbe Truthähne vom Thanksgiving-Festessen und Blechdosen, die noch zu einem Viertel mit Beluga-Kaviar gefüllt waren, ihre Ruhestätte fanden. Den gerade erst geöffneten Dom Perignon Champagner schmeiß' ma a glei weg, weil ma z'gschtingat war'n, ihn zurück in den Kühlschrank zu geben. Pfuideife, sog i!

Dabei gibt es für den Bürger nicht einmal Anreize, diesem Gebaren entgegenzuwirken. Der Konsum wird im Gegenteil noch angeheizt, denn der Ofen soll rauchen. Im Klartext: Das Bruttosozialprodukt muss steigen, allein schon aus Angst vor der Inflation. Das Mindesthaltbarkeitsdatum, deutlich vermerkt auf jeder Packung, verängstigt den Konsumenten derart, dass er ein Produkt lieber ein paar Tage vorher in den Mistkübel wandern lässt, als einen Tag zu spät: damit' dass Du ja ned krank werst! So was hat's auf den Bauernhöfen nie gegeben. Man hatte und hat Ehrfurcht vor dieser Erde. Verschwendung war und ist noch heute ein Fremdwort. Ein Rest'l-Essen ist nichts Minderwertiges, ganz im Gegenteil. Ob als Aufschnitt, als Terrine, als Sulz' oder als ein Gröstl, vermengt mit den restlichen Kartoffelknödeln oder Kartoffeln und vielleicht ein paar Eiern, das hat der übriggebliebene sonntägliche Festbraten allemal verdient.

RESPEKT VOR DER KREATUR

Für eine ausgewogene, nicht-vegetarische Ernährung müssen auch Tiere ihr Leben lassen. Allerdings sollte das gänzlich ohne Stress, möglichst auf der gewohnten Weide, im vertrauten Stall und im heimischen Wald geschehen. Gern setzen die Metzger und Jäger den finalen Schuss gerade nicht – es lässt sich aber leider nicht vermeiden.

So ein Geschöpf will man eigentlich nicht umbringen, meinen Jäger wie ich. Aber das Wild hört den Schuss oft nicht einmal mehr. Nur sehr selten habe ich einen zweiten gebraucht. Es liegt auch immer in der Eigenverantwortung des Landwirts im Umgang mit Tieren und hochwertigen Lebensmitteln, wie er seine Rinder und Schweine bis zur vorbildlichen, „humanen" Schlachtung behandelt. Das lässt sich letztendlich eindeutig in der Qualität des Fleisches erkennen.

Es gibt nix bessas wia wos guads! Uralte bayerische Redewendung und Lebensweisheit zugleich. Ja, der Bayer im Allgemeinen ist ein Genussmensch, allein schon wegen seiner Behäbigkeit und inneren Ruhe. Und die Weinsuppn, des ist ein wahrer Genuss. Bayern, speziell Franken, hat ja bekanntlich eine uralte Weinkultur und auch die Pfalz. Dass die Naheweine zu den besten deutschen Weinen gehören, ist auch kein Geheimnis, aber dass das zauberhafte, historische Städtchen Meisenheim eine Wittelsbacherstadt war und einst zu Bayern gehört hat, das wissen die wenigsten. Und von da kommt unser Wein für die Suppn. Ich war von den Weinbergen des Winzers Michael Rohr so begeistert, dass ich mit zwei meiner besten Freunde das Patronat für sechs Zeilen Steillage am Weinberg übernommen habe.

Für 8 Personen

WEINSUPPN

Des brauchst:

¾ l beste Fleischbrühe
Muskat
Selleriesalz
2 Scheiben Schwarzbrot
1 EL Butter
4 Eigelbe
500 g Sahne
¾ l Weißwein (Riesling)
Salz
Weißer Pfeffer

Z'erst muasst:

Die Fleischbrühe muss wirklich erstklassig und sehr kräftig sein, sonst gelingt die Suppe nicht. Eine doppelt geklärte Rinderkraftbrühe wäre genau das Richtige. Gegebenenfalls nochmal reduzieren und abschmecken mit etwas Muskat und Selleriesalz. Unter Umständen durch ein feines Passiertuch filtern, denn die Suppe sollte klar sein. Für die Croûtons das Schwarzbrot entrinden und in kleine Würfel schneiden. In der Butter knusprig anbraten.

Bei den Eigelben die Keimflecken sauber entfernen. Von der Sahne 250 g abmessen, dazugeben und mit einem Schneebesen eine Legierung schlagen.

...und so geht's:

Den Wein und die Brühe in einem Topf erhitzen, die restliche Sahne dazugeben und unter ständigem Rühren kurz aufkochen lassen. Wieder etwas erkalten lassen, langsam die Legierung einrühren, bis die Suppe sämig wird. Auf keinen Fall mehr kochen lassen, sonst gibt's Rühreier.

Abschmecken mit Salz und weißem Pfeffer.

Im Spätsommer war's dann wieder soweit. Die Altbäuerin, die Entinger Moidl, zog vom Hochleger auf Ragstatt mit'm Vieh z'ruck auf d´Schienbachalm. Mein Berufsjäger kam dann kurz darauf mit der unvermeidbaren Einladung auf die Jagdhütt'n: „D' Moidl dad wieder zua die Kasa ei'lod'n!" Er erkannte sofort, dass ich etwas zögerte, das hatte auch einen guten Grund. „Deife', Deife', do miaß' ma' hi', sonst war's da beleidigt", bekräftigte er mit Fingerzeig. Ja, es gab kein Entrinnen vor diesem Pflichttermin. Obwohl ich jedes Mal nach diesem üppigen Essen gefühlte zwei Kilo mehr auf die Waage brachte, genoss ich Moidls Einladung in vollen Zügen. Ich fühlte mich immer in eine längst vergangene Zeit zurückversetzt, mit mir als Hauptdarsteller als eine Art „Erzherzog Johann". Die Almhütte hatte sie tagelang herausgeputzt, die Kupferschüssel blank poliert und den besten Schnaps für den „Jagdherren" in eine kleine Karaffe, hier auch „Budei" genannt, gefüllt. Wir betraten die Almhütte. Moidl schlug ihre Schürze auf die Seite, rieb sich schnell noch mal die Hände sauber und begrüßte mich wie immer überschwänglich. Auf dem Tisch die wertvolle, handgeklöppelte Tischdecke, darauf das „Budei", das sie sofort ergriff und zwei Schnapsgläser füllte: „G'sundheit und vui Waidmannsheil!" Wir leerten die Gläser und setzten uns. Kräftig duftete das Gschöpp*, die traditionelle Kartoffel-Graukäse-Butter-Masse, die wir in die schon vorbereiteten Fladen geben mussten. Köstlich, deftig, aber auch schwer verdaulich. Deshalb auch das „Budei", in dem am Ende nicht mehr ein Tropfen Schnaps sein darf, sonst wär's beleidigt g'wesn, die Moidl.*

* Kasa = Mit Kartoffelmasse gefüllte Fladen; Gschöpp = Füllung

---

Für 4–6 Personen

KASA VOM SCHIENBACH

Des brauchst:

FÜRS GSCHÖPP: 100 g Butter 4 Schalotten 3 Knoblauchzehen (optional) 1 kg festkochende Kartoffeln 400 g Graukäse *(Graukäse ist nicht jedermanns Sache und auch recht schwer zu bekommen. Ich verwende daher gern auch 200 g Appenzeller und 200 g Gruyère).*

FÜR DIE FLADEN: 250 g Mehl 1 EL Olivenöl 1 EL Salz

Butterschmalz zum Braten der Fladen

Z'erst muasst:

Butter in geeignetem großen Topf schmelzen und leicht braun werden lassen. Schalotten und Knoblauch klein hacken, dazugeben und glasig braten. Kartoffeln schälen, in Salzwasser kochen, durch die Kartoffelpresse drücken und in den Topf zu den Zwiebeln geben. Den Käse zerkleinern, besser noch reiben, und dazugeben. Bei mittlerer Hitze bis zu 30 Minuten zu einem homogenen Teig verrühren, abschmecken und warm stellen. Am besten geht das in einem Wasserbad. Speziell der Graukäse entfaltet sein Aroma sehr zögerlich, wen der Hunger aber sehr plagt, muss nicht ganz so lang rühren.

Mehl und Salz mit ½ l Wasser klumpenfrei verrühren, Olivenöl dazugeben und zu einem glatten Fladenteig rühren.

...und so geht's:

Eine geeignete Pfanne erhitzen und etwas Butterschmalz darin heiß werden lassen. Aus dem Teig dünne Fladen braten. Jeweils einen Fladen auf einen Teller geben, etwas vom Gschöpp darauf und den Fladen rollen. Sofort servieren. So viele Kasa servieren, bis einer „Gnade" ruft.

REST'L-VERWERTUNG: *Die fertige Gschöpp-Masse kann man wieder aufwärmen und weitere Kasa herstellen. Oder die Masse zu flachen, runden Platzerl formen und in Bratfett goldgelb braten.*

Was früher ein typisches Arme-Leute-Essen war, ist heute ein großartiges und sehr beliebtes Sommergericht: die Spareribs. Es gibt unzählige Rezepturen für die Marinade, vom „Rub" bis hin zum tagelangen Einlegen in eine undefinierbare Sauce. Das Problem ist dann immer dasselbe: Sobald man die Teile auf einen heißen Grill legt, verbrennt als Erstes die Marinade. Ja, Pfuideife, des braucht koa Mensch, auch ned de guatn Ratschläg und Tipps von de Gäst, wia mas des nexte moi bessa macha kannt.

Aber es gibt einen ganz einfachen Weg, dieses Dilemma zu vermeiden. Am besten wäre natürlich ein Gasgrill wegen der stufenlos regelbaren Temperatur. Der klassische Holzkohlengrill geht genauso gut, allerdings nur, wenn er einen Deckel hat. Hier muss man allerdings sehr aufpassen, dass nix verbrennt.
Bei mir als Hobbyhandwerker und Clanchef einer Großfamilie gibt es natürlich einen selbst gebauten großen Hendlgrill, der nur von der Seite heizt. Nicht nur Hendl, auch ein ganzes Spanferkel dreht hier mühelos seine Runden. Für den Hausgebrauch ist der natürlich a bisserl zu groß.

BRÜSTLFLEISCH
VOM GRILL IN WALDHONIGMARINADE

Für 4 Personen (sollten mehr Gäste erwartet werden, pro Person eine weitere „Leiter" Spareribs einplanen)

Des brauchst:
4 ganze „Leitern" Spareribs (am besten die ca. 10 cm breiten und flachen)   Salz

FÜR DIE MARINADE (AUF VORRAT GEKOCHT): 1 kg passierte Tomaten   100 g Tomatenmark   1 EL Selleriesalz   2 EL Traubenzucker, gehäuft   100 ml Essig   100 ml Rotwein   1 TL Chilipulver   1 EL Worcestersauce   500 g Bienenhonig   130 ml Agavensirup   frisch gemahlener schwarzer Pfeffer

Grill mit Deckel

Z'erst muasst:
❶ Die Zutaten für die Marinade außer Honig und Agavensirup in einen Topf geben, verrühren und 1 ½ Stunden köcheln lassen. Etwas abkühlen lassen und mit dem Stabmixer fein pürieren. Nochmals im Topf erwärmen, aber nicht mehr aufkochen, und Honig und Agavensirup unterrühren.

...und so geht's:
❷ Die Spareribs 1 Stunde vor dem Grillen aus dem Kühlschrank nehmen. Leicht salzen, mit Alufolie abdecken und beiseitestellen (nicht mehr kühlen). Den Grill vorheizen. Dann die Spareribs auf den Grill legen, die Hitze reduzieren, den Deckel schließen und das Fleisch bei niedriger Temperatur grillen, dabei immer wieder wenden. Nach 1 Stunde den Grill ausschalten, die Spareribs herunternehmen und von allen Seiten mit der Marinade bestreichen. Eine große feuerfeste Schale auf die Grillfläche stellen und die Spareribs hineinschichten oder die Spareribs auf fester Alufolie aufeinanderschichten. Gut abdecken. Den Deckel des Grills schließen und das Fleisch ca. 15 Minuten oder auch länger ziehen lassen – anbrennen kann jetzt nichts mehr.

REST'L-VERWERTUNG:
Von den Spareribs bleibt vermutlich nix über. Die Marinade, ohnehin auf Vorrat gekocht, in ein großes Einmachglas füllen, gut verschließen und in den Kühlschrank stellen, so ist sie wochenlang haltbar. Das nächste Grillfest kommt bestimmt.

Wieda amoi a kloans Sommerfestl vor der Tür?
Dieser herzhafte Salat ist genau das richtige für laue Abende. Ich hab ihn entdeckt bei unserer Freundin Roberta im Hotel La Majun in Alta Badia, meiner zweiter Heimat, wenn's im Winter ums Skifahrn geht und ums Klettern im Sommer. Eine herrliche Ouvertüre zur Grillschlacht, bevor dann endlich die Holzkohle soweit runterbrennt is, dass Schwein & Co. ihre finale Bestimmung auf dem Grillrost finden.

Für 8 Personen

SPECKSALAT
VON DA ROBERTA

Des brauchst:

300 g Speck
300 g Salami
250 g Regensburger
6 EL Olivenöl
5 Essiggurken
½ Spitzkohl
1 TL Kümmel
4 EL Weinessig
½ Bund glatte Petersilie
Salz und frisch gemahlener schwarzer Pfeffer

Z'erst muasst:
Speck, Salami und Regensburger in kleine Streifen schneiden und kurz in Olivenöl sautieren. Essiggurken ebenfalls in kleine Streifen schneiden. Vom Spitzkohl den Strunk entfernen und möglichst fein schneiden (mit Hobel oder Küchenmaschine), leicht salzen.

...und so geht's:
Alle Zutaten gut vermengen und mit Salz und Pfeffer abschmecken. Vorsicht mit dem Salz, Speck und Salami sind meist schon salzig genug. Bei Bedarf noch mehr Olivenöl und Weinessig dazugeben. Kühl stellen und vor dem Servieren gut durchziehen lassen.

REST'L-VERWERTUNG:

Hält sich im Kühlschrank ein paar Tage. Vor Gebrauch gut durchmengen.

Kaum ein Pilz schmeckt besser, edler und vollkommener. Darum heißt er wohl auch in Österreich gern der Herrenpilz. Ich spreche vom Steinpilz, unserem begehrtesten Speisepilz. Als ich noch klein war, hatten wir so viele davon im heimischen Wald, dass unsere Mutter uns mit einem Korb in den Wald geschickt hat: „Geh', hoilt's a paar Stoabuitzl!" Schwuppdiwupp, waren wir schon verschwunden. Es dauerte nicht lange und wir kamen mit unserer Ausbeute, einem vollen Korb, zurück. So leicht geht's heit leider nimma, die Stoabuitzl san rarer worn. Viele Jäger sind des Hasen Tod, das trifft wohl auch auf den Steinpilz zu. Ganze Heerscharen von Pilzsammlern bevölkern schon in der Morgendämmerung die Wälder und nehmen sogar die kleinsten Pilze aus dem Waldboden. Auf Dauer dezimiert das den Bestand des empfindlichen Pilzes. Dementsprechend hoch ist der Preis für ein Kilo dieser Köstlichkeit. Gott sei Dank gibt es noch abgelegene Wälder mit geheimen Plätzen, die ein passionierter Schwammerlsucher nie im Leben verraten würde. Die werden allerhöchstens an die Kinder weitergegeben.

Für 4 Personen

STOABUITZLGMIAS

mit Semmelknödeln

Des brauchst:

1 kg Steinpilze 150 g Butter 1 Zwiebel 3 EL Mehl 250 ml Milch 100 g Sahne
1 Bund glatte Petersilie Salz und frisch gemahlener schwarzer Pfeffer

FÜR DIE SEMMELKNÖDEL:

Siehe Saures Züngerl, Seite 44,
allerdings gebe ich hier keine Petersilie in den Knödel.

Z'erst muasst:

Die gesammelten Pilze putzt man mit einem trockenen Küchentuch möglichst schnell. Pilze nicht waschen. In gleichmäßige, ca. 3 mm dicke Scheiben schneiden.

Sollten wurmbefallene Pilze dabei sein, diese entsorgen.

...und so geht's:

Die Pilze in der Butter mit der geschälten ganzen Zwiebel sautieren, bis das Wasser verdampft ist und die Pilze weich werden. Ca. 20 Minuten zugedeckt weiter köcheln lassen. Die Zwiebel entfernen und den Rest mit Mehl bestäuben. Erst die Milch, dann die Sahne einrühren und leicht eindicken lassen. Mit Salz und Pfeffer abschmecken. Ganz zum Schluss die gehackte Petersilie dazugeben, gleichmäßig einrühren und mit den Semmelknödeln servieren.

Nein, für dieses Gericht hod ned die Tante Ursula dro glaubn miassn. Mit „Ursula" ist die böse Krake Ursula aus Walt Disneys Zeichentrickfilm „Arielle" gemeint. Vereint saßen meine drei Kinder damals vor dem Fernseher und schauten zum zigsten Mal dieses wunderschöne Märchen. Jedes Mal, wenn Ursula ihr Unwesen trieb, zuckten sie ängstlich zusammen. Irgendwann hatte ich einmal einen großen, frischen Oktopus ergattert und kochte ihn in einem Rotweinsud. Als ich das Meeresgetier aus dem Topf nahm, kamen die drei in die Küche: „Ha, da is' sie ja, die böse Ursula! Juhu, jetz' is' sie tot!" Die Kinder hatten ihre Gaudi. Beim Essen wurde noch so manche Szene aus dem Film erzählt, während Stück für Stück die „Ursula" verspeist wurde. Offensichtlich hat's den Kindern so gut geschmeckt wie mir, denn oft habe ich später noch gehört: „Papa, wann gibt's denn wieder Ursula?"

„URSULA" MIT ROTE RANNA* *Für 4 Personen*

Des brauchst:

1 ganzer Oktopus, ca. 2 kg
1 Flasche Rotwein
½ l Rotweinessig
4 EL bunte Pfefferkörner
2 EL Kümmel
100 g Salz
1 unbehandelte Zitrone

FÜR DIE ROTE BETE:

1 kg Rote Beten
Arganöl
Balsamessig
Zimt
bunter Pfeffer aus der Mühle
Salz und frisch gemahlener schwarzer Pfeffer

Z'erst muasst:

Den Oktopus waschen. Rote Beten schälen und in ca. 5mm dicke Scheiben schneiden.

...und so geht's:

In einen großen Topf 4 l Wasser, den Rotwein, Essig, Pfeffer, Kümmel und das Salz geben. Die Zitrone waschen, in der Mitte durchschneiden, den Saft und die ausgedrückten Hälften dazugeben. Den Oktopus mit dem Kopf nach oben dazu und auf höchster Stufe fast zum Kochen bringen. Die Hitze reduzieren, Deckel so darauf, dass Dampf entweichen kann, und 70 Minuten garen. Den Oktopus entnehmen und, wenn nötig, auf ein Backblech legen, mit Alufolie leicht abdecken und im Ofen bei ca. 60 °C warmhalten. Den Sud aufbewahren.

Währenddessen das Arganöl in einer Pfanne heiß werden lassen und die Rote-Bete-Scheiben darin sautieren, bis sie etwas weich werden, aber noch einen guten Biss haben. Den Balsamessig dazugeben. Sehr gut eignet sich eine Balsamico-Sprühflasche, weil der Essig dadurch gut zu dosieren ist und gut verteilt wird. Mit Salz, etwas Zimt und buntem Pfeffer abschmecken. Den Oktopus aus dem Ofen nehmen und die Tentakel abtrennen. Man möge mir verzeihen, aber den Kopf entsorge ich immer, da das Kopffleisch immer etwas zu fischig schmeckt. Auf heißem Teller zusammen mit der Roten Bete anrichten und servieren.

REST'L-VERWERTUNG:

Da ein Oktopus, wie der Name schon sagt, acht Arme bzw. Tentakel hat (octo lat. = acht), bleiben wahrscheinlich vier über. Daraus kann man einen wunderbaren Salat machen. Die Tentakel in Stücke schneiden, mit Rotweinessig, Olivenöl und etwas von dem Sud mischen. Ein wenig frisch gepressten Zitronensaft und zum Schluss fein gehackte Petersilie dazugeben. Mit Salz und Pfeffer abschmecken, ziehen lassen und kalt servieren. Köstlich!

** Rote Ranna = Rote Bete*

Für uns Buben waren die Schinkenfleckerl ein willkommenes Gericht, das oft auf dem Speiseplan stand. Wir hatten ja damals, zu Beginn des Wirtschaftswunders, nicht viel Geld. Damals bereiteten wir sie mit breiten Nudeln, ein bisserl Schinken, Petersilie und Butter zu. Mehr gab's nicht, und es war meist zu wenig Schinken, er war einfach zu teuer, die Blatt'l waren abgezählt. Die Metzgerei der Großeltern mütterlicherseits gab es nicht mehr und wir mussten den Schinken kaufen. Ohne den Segen der Antihaftpfannen war der Schinken natürlich am Rand immer angebrannt und das Rauskratzen der Kruste war besonders spannend, nachdem die Schinkenfleckerl in eine Schüssel gegeben wurden. Oft gab's am Nachmittag das Fleckerl-Mampfen. Die Überreste wurden leidenschaftlich verzehrt, es war uns egal, dass die Nudeln kalt waren und die Butter bereits gestockt. Diese Tradition hat sich auf meine Kinder übertragen, sie haben die höchste Gaudi damit.

Mich haben die Schinkenfleckerl ein Leben lang begleitet, ich fand sie nur später zu langweilig und habe sie verfeinert – vor allem, weil das Wort „al dente" in unserer damaligen bayerischen Küche ein Fremdwort war. Die Nudeln wurden leider so lange gekocht, bis sie schön weich waren. Als mein jagdliches Leben mit knapp 30 Jahren begann, standen die Schinkenfleckerl natürlich wieder auf dem Speiseplan, denn auf den Almhütten gab es keinen Platz für ein großes Menü. Man kochte einfach, aber trotzdem gut und nur mit dem, was zur Verfügung stand. Meine ersten Jagdhütten waren mit dem Auto gar nicht zu erreichen, also musste man die Lebensmittel mit dem Rucksack mühsam hinaufschleppen. Nudeln hat man dabeigehabt, Schinken, Speck, Zwiebeln und Butter, Salz und Pfeffer. Speck gehört nicht nur zur Brotzeit, sondern er ist auch ein gewaltiger Geschmacksträger. Halb Schinken, halb Speck macht die ganze Schinkenfleckerl-Geschichte schon viel würziger. Und Petersilie gibt es auf der Alm tatsächlich, die Bauern haben früher Samen mitgebracht und einfach dort, wo Erde war, verstreut.

SCHINKENFLECKERL

Für 4 Personen

Ein Almhüttengericht

Des brauchst:

650 g Fleckerl-Nudeln *oder Fusili*
130 g Bauchspeckwürfel
(roh geräuchert, möglichst fett)
1 mittelgroße rote Zwiebel
400 g Kochschinken
80 g Butter
1 Bund glatte Petersilie
Selleriesalz
frisch gemahlener schwarzer Pfeffer

...und so wird's auf der Alm g'macht:

Feuer machen im Ofen, Wasser holen vom Brunnen und erstmal die Nudeln in kochendes Salzwasser geben, warten, bis sie leicht mehr als „al dente" sind und abseihen. In einer heißen Pfanne den Speck auslassen, bis die Speckbrockerl glasig sind. Die Zwiebel fein hacken, dazugeben und ebenfalls glasig werden lassen. Den Schinken in 1–2 cm lange und breite Blattl'n schneiden und dazugeben. Rühren nicht vergessen. Die Butter in der Pfanne etwas abseits schmelzen und brutzeln lassen, dann verrühren. Die Petersilie fein hacken. Die Nudeln mit der Schinken-Speck-Masse in der Pfanne verrühren, Petersilie dazugeben und würzen. Aufpassen mit dem Selleriesalz, denn der Speck ist bereits salzig. Zum Abschluss leicht mit der Pfeffermühle darübergehen und in der Pfanne servieren.

REST'L-VERWERTUNG:

Wenn man bei uns auf der Alm die kaltgestellten Fleckerl zum Aufwärmen reinholen wollte, war die Pfanne meistens schon leer. Vielleicht der Fuchs? Oder Diebe? Richtig, es waren kleine Diebe am Werk. Meistens hatten sich (wie wir damals) die Kinder über die Reste hergemacht und kalt weggeputzt! Eben: Fleckerl-Mampfen! Some things never change. Sollte wider Erwarten dann doch noch was in der Pfanne sein, einfach aufwärmen. Butter ist noch genügend in den Fleckerln.

In München gibt es einen kleinen, aber feinen privaten Tennisclub, den Alt-Bogenhausener Verein, kurz ABV genannt. Einer der gesellschaftlichen Höhepunkte im Vereinsleben war der „Monti-Cup", initiiert von Monti Lüftner, einer Ikone im Musikgeschäft. Mit Monti, dem waschechten Kärntner Buam, verband mich eine herzliche Freundschaft. „Heast' Falty, mir kannten doch an klaana' Tenniscup bei Dir z'haus machen, blos die engsten Spetzln, vastehst?", sagte er eines Tages zu mir. Das war der Anfang vom Faltycup, dem kleinsten Tennisturnier Bayerns. Einer der Spetzln war Bernd Födisch. Seine wunderbare, leider viel zu früh verstorbene Frau Angie steuerte jedes Mal zwei Bleche ihres köstlichen Aprikosenkuchens bei. Man konnte ned so schnell schaun, wia der verbutzt war. Einmal wollte ich noch ein Stück ergattern, aber das Blech war bis auf den letzten Krümel leergegessen. Angie hatte das bereits im Vorfeld geahnt und für mich extra einen Teller mit zwei Stücken versteckt: „Dass'd ned leer ausgehst, Falty."*

**Spetzln = Freunde*

APRIKOSENKUACHA

von da Angie

Für 1 Backblech

Des brauchst:

FÜR DEN TEIG:

6 Eier
250 g Zucker
1 Packerl Vanillezucker
150 g Butter
6 EL Sahne
Salz
300 g Mehl
1 Packerl Backpulver

FÜR DEN BELAG:

1 ½ kg reife Aprikosen
(alternativ 2 ½ Dosen)
80 g Mandeln
40 g Butter
60 g Zucker
3 EL Sahne

Z'erst muasst:
Den Ofen auf 200 °C (Ober-/Unterhitze) vorheizen. Für den Teig Eier, Zucker und Vanillezucker schaumig rühren. Butter in einem Topf zerlassen und mit der Sahne sowie dem Salz dazugeben. Das Mehl mit dem Backpulver vermischen, langsam zu den anderen Zutaten geben und zu einem glatten Teig verrühren.

Die Aprikosen halbieren und entkernen. Die Mandeln in einem guten Standmixer oder mit der Küchenmaschine klein hacken.

...und so geht's:
Den Teig auf einem tiefen Backblech verteilen und die Aprikosen mit der runden Seite nach unten auf den Teig legen. Das Blech in den Ofen schieben und den Kuchen 25 Minuten backen.

Butter, Zucker und Sahne in einem Topf erhitzen, bis sich der Zucker gut gelöst hat. Die Mandeln unterrühren und alles über den Kuchen gießen. Nochmals 15 Minuten backen. Abkühlen lassen und genießen.

Da wir beide Buben kurz nacheinander Geburtstag haben, wurde zweckmäßigerweise die Geburtstagsfeier zusammengelegt. Freunde, Omas und Opas, Tanten und Onkel versammelten sich meistens, wie sollt es auch anders sein, im Tannenhof, wie unser Zuhause auch heißt. Wenn wir uns über die zahlreichen Geschenke auch noch so freuten, kein Kindergeburtstag war komplett ohne das berühmte Erdbeerwickerl von Romy, unserem damaligen Kindermädel. Sie konnte nicht so schnell schneiden wie wir die Stücke mit der Hand von der Kuchenplatte fischten. Bis zum heutigen Tag bekommen wir von Romy diesen Kuchen, gern auch mit anderem Obst zum Geburtstag gebacken, mittlerweile allerdings jeder einen.

Für 1 Kuchen

ERDBEERWICKERL

von da Romy

Des brauchst:

FÜR DEN TEIG:

6 EL Mehl, gehäuft
½ TL Backpulver, gestrichen
6 Eier, zimmerwarm
6 EL Zucker

FÜR DIE FÜLLUNG:

750 g Sahne
1 Packerl Vanillezucker
600 g Erdbeeren

Z'erst muasst:

Mehl und Backpulver gut vermischen und bereitstellen. Den Backofen auf 170 °C (Umluft) vorheizen.

…und so geht's:

Die Eier und den Zucker in die Rührschüssel der Küchenmaschine geben. Mit Schneebesenaufsatz auf höchster Stufe ca. 15 Minuten zu einem dicken, hellen Schaum schlagen. Wenn der Eierschaum schön fest erscheint, das Mehl und das Backpulver sieben und vorsichtig unter die Masse heben. Nicht mehr schlagen, da der Teig sonst zusammenfällt. Nun die Masse auf ein mit Backpapier ausgelegtes Backblech streichen und im Ofen 20–25 Minuten goldgelb backen. Dann den Kuchen auf ein leicht feuchtes Tuch stürzen, das Backpapier abziehen, den Biskuit sofort in das Tuch einrollen und so erkalten lassen.

Sahne mit Vanillezucker sehr fest aufschlagen. Einen kleinen Teil (etwa eine Tasse voll) für die Außenverzierung beiseitestellen. Die Erdbeeren putzen, klein schneiden und unter die Sahne heben. Den Kuchen aufrollen, mit der Erdbeersahne bestreichen und vorsichtig wieder zusammenrollen (das Tuch dabei entfernen). Außen mit Sahne und halben Erdbeeren verzieren.

– Herbst –

AUFI AUF'N BERG ...

Würde man die Top Ten der besten und gesündesten Fleischstücke wählen müssen, dann würde das Rehfleisch wohl die Spitzenposition einnehmen. Die Beschaffung traditionell: durch einen Büchsenschuss jäh und blitzartig aus dem Leben gerissen. Dank der heutigen Hygieneauflagen wird wohl auch die Kühlkette nicht unterbrochen, bis das gute Stück in der Küche landet. Der berüchtigte strenge Wildgeschmack gehört damit längst der Vergangenheit an.

Die Lende, aus dem Rücken eines Stücks Rehwild gelöst, gilt als das edelste Stück Fleisch, das die heimischen Wälder zu bieten haben. Nicht gerade billig, aber großartig im Geschmack und auch sehr gesund. Ein Festtagsessen, darum auch etwas zeitaufwendig. Vorbei sind die Zeiten, als man den ganzen Rehrücken mit Speck gespickt und unendlich geschmort hat. Des hat des arme Viech wirkli ned verdient.

Für 4 Personen

REHLENDERL

IN WEISSEM SPECK UND WIRSCHING

Des brauchst:

750 g Rehlende *(entspricht meist einer ganzen Lende)*
1 Wirsing 100 g geräucherter Bauchspeck
20 g Pinienkerne 200 g geräucherter weißer Rückenspeck in dünnen, möglichst langen Scheiben
1 EL Pflanzenöl 1 Prise Muskat Salz und frisch gemahlener schwarzer Pfeffer

FÜR DAS SELLERIEPÜREE:

1 Knollensellerie 500 g festkochende Kartoffeln 25 g Ingwerwurzel
1 EL Crème fraîche 50 g Sahne 20 g Butter
Selleriesalz Szechuanpfeffer

FÜR DAS PESTO:

30 g Pinienkerne 1 Bund Basilikum ¼ Bund glatte Petersilie
50 g Parmesan 100 ml Olivenöl
Meersalz

FÜR DIE BERBERITZENSAUCE:

1 unbehandelte Orange 250 ml Rotwein 25 g getrocknete Berberitzen
250 ml Portwein 1 TL Senfpulver 1 TL Zimt 1 TL Macisblütenpulver
150 g Rotes Johannisbeergelee 1 EL Cranberrysirup
1 Prise Chilipulver (nach Belieben) Szechuanpfeffer

Küchengarn

Z'erst muasst:

❶ A Reh schiassn! Muaßt natürlich ned: Geh zum Metzger deines Vertrauens und kauf eine Rehlende. Das gute Stück fein häuten, in zwei gleich lange Stücke schneiden, salzen und pfeffern.

❷ Den Wirsing in Blätter zerlegen und in kochendem Salzwasser blanchieren. Mit kaltem Wasser abschrecken. Bei den äußeren, großen Blättern die Mittelrippe flach schneiden und die Blätter mit Küchenkrepp auf beiden Seiten sorgfältig trocken tupfen. Beide Seiten sollten vor der Verarbeitung völlig trocken sein. Die kleineren Blätter fein hacken.

❸ Für das Selleriepüree den Sellerie und die Kartoffeln sauber schälen, in 2 cm große Würfel schneiden. Ingwer schälen und sehr fein hacken. Alles mit Wasser in einem geeigneten Topf sehr weich kochen.

❹ Für die Berberitzensauce die Orange heiß abwaschen und mit einem Zestenreißer schälen. Die Zesten mit dem Rotwein und den Berberitzen 30 Minuten köcheln lassen. Den Portwein mit Senfpulver, Zimt und Macisblütenpulver vermengen und 30 Minuten köcheln. Alles zusammenmischen, das Johannisbeergelee und den Cranberrysirup dazugeben, mit Szechuanpfeffer und, falls gewünscht, Chilipulver abschmecken, dann kalt stellen.

❺ Bauchspeck in kleine Würfel schneiden, in einer Pfanne kross anbraten und beiseitestellen. Alle Pinienkerne für den Speckwirsing und für das Pesto in einer beschichteten kleinen Pfanne ohne Fett rösten und beiseitestellen.

❻ Für das Pesto Basilikum und Petersilie waschen, trocken schütteln und abzupfen. Den Parmesan fein reiben. Die Kräuter mit 30 g Pinienkernen, 1 Prise Meersalz und dem Olivenöl im Mixer pürieren. Dann den Parmesan unterheben. Die Konsistenz sollte eher streichfähig als flüssig sein.

…und so geht's:

❼ Den Backofen auf 100 °C (Ober-/Unterhitze) vorheizen. In einer Pfanne die Lende von allen Seiten scharf anbraten. Auf ein Brett legen und abkühlen lassen, dann mit Pesto bestreichen und mit dem weißen Speck eng umwickeln. Nochmals mit etwas Pesto betupfen und mit den großen Wirsingblättern eng umwickeln. Alles mit Küchengarn gut fixieren. Auf einen Rost legen und ca. 1 Stunde im Ofen garen.

❽ Sellerie und Kartoffeln abseihen, dabei etwas Kochwasser übrig behalten (zur eventuellen späteren Verdünnung des Pürees). Das Gemüse im Mixer fein pürieren und in einen Topf geben. Crème fraîche, Sahne und Butter unterrühren. Das Püree kurz vor dem Servieren erhitzen und am besten mit einem Pürierstab oder Handrührgerät schaumig schlagen. Ist der Brei zu fest, mit etwas Kochwasser verdünnen. Mit Selleriesalz und Szechuanpfeffer abschmecken.

❾ Den klein gehackten Wirsing mit Öl in einer Pfanne anbraten und mit dem gerösteten Speck und den restlichen Pinienkernen schwenken. Abschmecken mit Muskat, Pfeffer und Salz. Das Lenderl aufschneiden und mit den Beilagen servieren.

REST'L-VERWERTUNG:

Selleriepüree kann man einfrieren. Rehlenderl schmecken auch kalt vorzüglich – einfach mit der Berberitzensauce servieren. Die Berberitzensauce hält im Kühlschrank einige Wochen.

Noch so ein Faltermeyer'sches Traditionsgericht aus Urgroßmutters Küche. Man findet es nirgendwo, wahrscheinlich hat sie es tatsächlich erfunden. Leider ist es recht aufwendig und zeitraubend in der Herstellung. Drum wurden auf unser Betteln hin immer wieder die haarsträubendsten Argumente hervorgezaubert, warum das heute leider nicht ginge: „Es gibt leider koane frischn Zwieweröhrl", „koa Fleischbrüa' mehr" oder „die Nudelmaschin' ist kaputt" waren die gängigen Ausreden. Um dem ersten Argument entgegenzuwirken, habe ich tatsächlich mal 200 Steckzwiebel gepflanzt, nur um frisches Zwiebelrohr ernten zu können. Leider hatten unsere Shetlandponys ein Auge auf das satte Grün geworfen und als dann eines Tages der elektrische Weidezaun ausfiel, verspeisten sie ratzeputz die ganzen jungen Zwiebelpflanzen. Mein schönes Gemüsebeet sah aus wie ein Schlachtfeld. Was ist rausgekommen? Wieder keine Suppe! Heutzutage gibt es aber das ganze Jahr über Frühlingszwiebeln mit frischem, grünem Zwiebelrohr zu kaufen und die Geschichte mit der kaputten Nudelmaschine glaubt a koa Mensch mehr. Also ist das einzige wirkliche Gegenargument die Zeit. Der Name Zwieweröhrlsuppn ist allerdings ein wenig irreführend. Es handelt sich dabei vielmehr um eine Art Maultasche, gefüllt mit Frühlingszwiebeln, Eiern und Weißbrot. Bis zum heutigen Tag ganz sicher eines meiner Leibgerichte. Diese Suppe schaffte auch bereits den Generationensprung. Oft schon standen meine Kinder mit sehnsüchtigem Blick vor mir und fragten: „Papa, wann gibt's endlich wieder Zwieweröhrlsuppn?"

ZWIEWERÖHRLSUPPN

Für 4–6 Personen

Des brauchst:

3 l gute Rinderbrühe

FÜR DEN NUDELTEIG: 500 g Mehl (Type 405) 2 Eier 1 Eigelb 2 EL Olivenöl 1 TL Salz

FÜR DIE FÜLLUNG: 6 Scheiben Toastbrot 2 EL Butter 2 Bund Frühlingszwiebeln 5 Eier 2 EL Milch 1 EL Mehl 1 TL Muskat 1 EL Pflanzenöl Salz und frisch gemahlener schwarzer Pfeffer

Z'erst muasst:

❶ Das Mehl mit den restlichen Zutaten für den Nudelteig mit 250 ml Wasser zu einem glatten, klebrigen Teig kneten. Das geht am besten mit dem Knethacken der Küchenmaschine. Den Teig danach auf ein mit reichlich Mehl bestäubtes Nudelbrett oder die Arbeitsplatte geben und mit den Handballen weiter kneten und immer wieder zusammenschlagen. Falls nötig, etwas Mehl dazugeben. Wenn der Teig nicht mehr anklebt und sich schön kompakt anfühlt, in Küchenfolie einschlagen und mindestens 1 Stunde – am besten über Nacht – im Kühlschrank ruhen lassen.

…und so geht's:

❷ Das Toastbrot würfeln und in 1 EL Butter anbraten. Von den Frühlingszwiebeln den weißen unteren Teil klein hacken. In 1 EL Butter glasig sautieren. Die grünen Stängel in kleine Röhrchen schneiden.

❸ Die Eier mit Milch, Mehl und 1 TL Salz glattrühren. Die Croûtons, die sautierten Zwiebeln und die Zwiebelröhrchen dazugeben (ein paar für die Garnierung zur Seite legen). Gut vermischen und mit Muskat, Salz und Pfeffer abschmecken. Eine halbe Stunde ziehen lassen.

❹ Den Nudelteig dünn ausrollen und Kreise mit ca. 15 cm Durchmesser ausstechen. Mit einem Esslöffel etwas von der Füllung (vorher nochmals umrühren) in die Mitte des Kreises geben und den Teig zu einem Halbmond zusammenschlagen. Mit einem Teigroller oder mit den Fingern die Enden gut verkleben. Auf eine mit Mehl bestreute Platte oder ein Backblech legen.

❺ Die Fleischbrühe erhitzen. In einem großem Topf Salzwasser zum Kochen bringen und die einzelnen Teigtaschen vorsichtig hineingeben. Ca. 5 Minuten kochen lassen. Mit einem Gitterlöffel herausnehmen und direkt in heiße Suppenteller legen. Mittlerweile sollte auch die Fleischbrühe richtig heiß sein. Etwas davon darübergießen und mit klein geschnittenen Zwiebelröhrchen garnieren. Die übrigen Teigtaschen sofort in kaltem Wasser abschrecken und mit etwas Pflanzenöl (sonst kleben sie aneinander) in eine Schale geben.

REST'L-VERWERTUNG:

Teigtaschen portionsweise einfrieren. Bei Wiederverwertung direkt in die Brühe geben.

Das Wild hat ja bekanntlich nicht nur Edelteile wie z. B. Rücken, Schlegel und Filet. Vom Schäuferl, also vom Bug, kann man nur eingeschränkt einen ansehnlichen Braten zaubern. Bleibt also nur die Wahl zwischen Ragout oder Hackfleisch. Und bei uns gibt's heit koa Ragout, sondern an Rehpfeffer. Der kleine Unterschied zum Ragout ist das in diesem Gericht verwendete Blut vom Reh. Nun kann man das nicht so einfach kaufen. Aber wenn man kein Jäger ist (und beim Erlegen etwas Blut gesammelt hat), nimmt man einfach ein kleines Stück Blutwurst, das man beim Metzger gekauft hat.

** Spotzn = Spätzle*

REHPFEFFA *mit Spotzn**

Für 4–6 Personen

Des brauchst:

2 Rehbüge (Schultern), *vom Metzger küchenfertig vorbereitet*
jeweils 2 EL Butterschmalz und Pflanzenfett
Knochen von den Rehbügen
1 TL Thymian
1 TL Rosmarin
3 Gewürznelken
5 Wacholderbeeren
3 Lorbeerblätter
250 ml kräftiger Rotwein
70 g Tomatenmark
100 ml Blut vom Reh, *ersatzweise 100 g Blutwurst*
Salz und frisch gemahlener schwarzer Pfeffer

FÜR DIE SPOTZN:

500 g Mehl
5 Eier
200 ml Milch
1 EL Olivenöl
20 g Salz
1 EL Butter

Spätzlehobel

Z'erst muasst:

❶ Die Büge waschen und in ca. 3 cm große Stücke schneiden. In einer Küchenmaschine oder mit dem Handrührgerät Mehl, Eier, Milch, 1 EL Wasser, Olivenöl und Salz zu einem glatten Spätzleteig verarbeiten. Den Teig 30 Minuten ruhen lassen.

...und so geht's:

❷ Einen großen Schmortopf erhitzen, Butterschmalz und Pflanzenfett heiß werden lassen. Die Fleischstücke und die Knochen in kleinen Portionen scharf anbraten. Sollte sich viel Flüssigkeit bilden (kann bei gefrorenem Fleisch vorkommen), diese abschöpfen und beiseitestellen – das Fleisch soll nicht kochen, sondern braten. Eventuell noch etwas Bratfett zufügen. Sobald die Stücke außen angebräunt sind, Salz, Pfeffer, Kräuter und Gewürze dazugeben und alles mit Rotwein ablöschen. Den gegebenenfalls abgeschöpften Fleischsaft und das Tomatenmark unterrühren und den Deckel aufsetzen. 1 ½ Stunden köcheln lassen.

❸ In einem großen Topf Salzwasser zum Kochen bringen. Mit dem Spätzlehobel den Teig portionsweise ins Wasser gleiten lassen, umrühren, damit nichts am Boden kleben bleibt, und das Wasser einmal aufwallen lassen. Die Spotzn mit einem Schöpflöffel herausheben und in kaltem Wasser abschrecken. Etwas antrocknen lassen und anschließend in einer Pfanne mit heißer Butter schwenken. Mit Salz abschmecken.

❹ Knochen, Lorbeerblätter, Nelken und Wacholderbeeren aus dem Topf entfernen und zum Schluss das Blut oder die kleingeschnittene Blutwurst langsam einrühren – das gibt der Sauce die sämige Konsistenz. Vorsicht, nicht mehr kochen lassen! Das Fleisch mit den Spotzn und der Sauce anrichten und servieren.

REST'L-VERWERTUNG:

Rehpfeffer portionsweise einfrieren

Wenn ich beim Italiener in der Kühlvitrine die großen Schalen mit Frutti di Mare, weißen Bohnen, gebratenen Zucchini in Olivenöl, Auberginen und weiß Gott noch was sehe, schweift mein Blick unweigerlich auch zum klassischen Vitello tonnato. Schaut toll aus, meist mit Kapern und Petersilie fein garniert, ein wahrer Leckerbissen. Oft jedoch ist das von der köstlichen Thunfischsauce komplett verhüllte, dünn aufgeschnittene Vitello (Kalbfleisch) ein verkochtes, meist auch recht trockenes Stück Fleisch – nicht selten ein übrig gebliebenes Stück vom sonntäglichen Arrosto di vitello (Kalbsbraten). Dagegen ist auch ganz und gar nix einzuwenden.

In meinen zahllosen Überlegungen zur Vermarktung von Wildfleisch kam mir dann eine Idee. Warum nicht ein Stück vom Rehschlegel sanft zartrosa braten, erkalten lassen und mit der wunderbaren Thunfischsauce verbinden? Ein „Surf & Turf"-Gericht nach Jägerart sozusagen. Der Italiener würde es dann wohl „Capriolo tonnato" nennen. Pfundig, glei ausprobiern! Eine tolle Vorspeise vor dem eigentlichen Festtagsreh oder auch nur als Brunch oder Amuse-Gueule.

**Pfundig = lecker*

Für 4 Personen

KOIDE REHNUSS

mit Thunfischsoss

Des brauchst:

500 g Rehnussbraten   1 TL gerebelter Thymian   3 EL Bratfett
Salz und frisch geriebener schwarzer Pfeffer

FÜR DIE THUNFISCHSAUCE:

200 g Thunfisch im eigenen Saft   1 Ei   ½ Zitrone   125 ml gutes Pflanzenöl
1 Prise Muskat   3 Sardellenfilets   5 g Kapern
2 TL Kapern und frische Petersilie zum Garnieren
Salz und weißer Pfeffer

Bratenthermometer

Z'erst muasst:

❶ Den Backofen auf 120 °C vorheizen. Die Nuss sauber häuten, wenn's nicht bereits der Metzger getan hat. Salzen, pfeffern und mit dem gerebelten Thymian einreiben. Von allen Seiten scharf anbraten. Auf einen Rost legen, in den Ofen schieben und 1 Stunde garen. Das Fleisch soll innen schön rosarot sein. Die Kerntemperatur beträgt dann 57 °C. Herausnehmen, mit Alufolie zudecken und erkalten lassen. Dann erst im Kühlschrank komplett durchkühlen.

❷ Den Thunfisch abseihen, den Sud auffangen und beiseitestellen. Man kann damit später gegebenenfalls die Konsistenz verändern.

...und so geht's:

❸ Das Ei trennen, den Dotter in die Rührschüssel der Küchenmaschine geben und mit dem Schneebesenaufsatz aufschlagen. Die halbe Zitrone auspressen. Langsam das Öl und den Zitronensaft einrühren. Es entsteht eine gelbliche Mayonnaise. Mit Salz, weißem Pfeffer und Muskat abschmecken. Den Thunfisch zusammen mit den Sardellen und Kapern in den Mixer oder, wenn vorhanden, in einen Standmixer geben. Sehr fein pürieren (mit möglichst wenig Flüssigkeit) und dann die Mayonnaise im langsamen Gang einrühren. Die Konsistenz gegebenenfalls mit dem Thunfischwasser regulieren. Abschmecken, dann kalt stellen.

❹ Die Rehnuss in dünne Scheiben schneiden und entweder bereits portionsweise auf kleinen, flachen Tellern anrichten oder alle Scheiben in einer Schale mit flachem Boden auslegen. Die Thunfischsauce darübergießen. Bei den Einzelportionen etwas Fleisch sichtbar lassen, bei der „Schalenvariante" alles bedecken, sonst wird das Fleisch nach einiger Zeit trocken und unansehnlich. Ein paar Kapern und Petersilie als Garnitur darüberstreuen.

REST'L-VERWERTUNG:

Die „Schalenvariante" kann man 1–3 Tage im Kühlschrank aufbewahren. Nicht länger, denn in der Sauce sind rohe Eier.

In einem kleinen Seitental im schweizerischen Tessin gibt es ein Risotto, wie ich es sonst nirgends auf der Welt gefunden habe. Nicht wie üblich mit Weißwein, Safran oder Meeresfrüchten zubereitet, sondern mit Rotwein, Gorgonzola und Steinpilzen. Arborio ist dort die bevorzugte Reissorte für dieses köstliche Gericht. Da die Gerste ein ähnliches Quellverhalten wie Reis hat, dachte ich mir irgendwann mal: „Des kunnt eigentlich a ganz guad sei." Und es ist gut, sakrisch guad sogar! Und da es ja auch nicht mit Reis, sondern mit Gerste gemacht ist, nenne ich es einfach: Gerstotto.

GERSTOTTO

*mit boarische Schwammerl**

Für 2–3 Personen

Des brauchst:

50 g getrocknete Waldpilze
(Steinpilze, Maronen usw.)
3 Schalotten
200 g Gorgonzola
70 g Sahne
50 g Crème fraîche
½ l Milch
(und noch mehr zum Einweichen der Pilze)
2 l Gemüsebrühe
2 EL Olivenöl
500 g polierte und geschliffene Graupen
250 ml Rotwein
50 g frisch geriebener Parmesan
20 g Butter
1 Prise Muskat
Salz und frisch gemahlener schwarzer Pfeffer

Z'erst muasst:

Die Pilze in Milch und etwas Wasser 1 Stunde lang einweichen. Die Schalotten schälen, klein hacken und beiseitestellen. Den Gorgonzola in einem kleinen Topf mit Sahne, Crème fraîche und dem halben Liter Milch langsam zum Schmelzen bringen. Die Gemüsebrühe erhitzen und in Reichweite stellen, am besten auf der Herdplatte bei niedriger Hitze warm halten.

...und so geht's:

Das Öl in einem großen Topf erhitzen. Die Schalotten darin anschwitzen. Die Graupen dazugeben und bei hoher Hitze anbraten. Mit dem Rotwein ablöschen. Nach und nach in kleinen Portionen die Brühe dazugeben, gut umrühren und immer wieder warten, bis die Flüssigkeit aufgesogen ist. Nach ca. 30 Minuten den Parmesan und etwas später die eingeweichten Pilze – ohne die Einweichflüssigkeit – dazugeben. Wenn die Graupen al dente sind, die Gorgonzolasauce und die Butter dazugeben und auf den gewünschten „Biss" der Graupen fertig kochen. Das Gerstotto dickt immer wieder ein, bei Bedarf also etwas Gemüsebrühe angießen und umrühren. Mit Pfeffer und Muskat abschmecken. Vorsicht mit Salz, denn der Käse macht das Gerstotto meist schon salzig genug.

**Schwammerl = Pilze*

Wannst' a Gams schiassn wuist, muasst auf'n Berg nauf, weil obi kummts ned von aloa. Dieser körperliche Aufwand hält so manchen Jäger davon ab, auf die Gamsjagd zu gehen. Für mich ist es das Schönste, was es gibt. Tritt für Tritt den schmalen Jagasteig entlang bis zur Waldgrenze, immer wieder vorsichtig das Fernglas hochnehmen und die Felswände absuchen. Kunnt ja irgendwo oane rumstehn' … G'schleckert sans, die schwarzen Teifi, wie man die Gämse im Winterkleid auch gern nennt. Nur die besten Kräuter, meist an schier unzugänglichen Steilwänden geäst, sind gerade mal gut genug für dieses herrliche Wild. Man glaubt zu wissen, dass diese Tiere sogar imstande sind, Heilkräuter zu unterscheiden und im Krankheitsfall vorwiegend die richtigen zu sich nehmen, um wieder zu gesunden. Wer woaß, ob's wahr is' … Gämsen gehen auch nie zu einer Winterfütterung, lieber kratzen sie mit den Schalen (Hufen) so lange, bis der Schnee weg ist und spärliche Kräuter zum Vorschein kommen. Das Wildbret ist von edelster Qualität, sofern es nicht von einem brunftigen Gamsbock stammt. Für unser Gericht nehmen wir aber nix Brunftiges, sondern ein gutes Stück von einer jungen Gams.*

** obi kummts ned von aloa = herunter kommt sie nicht von allein; g'schlamperte = unordentlich*

Für 4 Personen

GAMS
MIT G'SCHLAMPERTE* NUDELN

Des brauchst:

1 kg Gämsenlende (sauber enthäutet)
oder auch Edelteile vom Schlegel. Als Alternative eignet sich Rehlende.
6 Zweige Thymian
6 Zweige Rosmarin
5 EL Butterschmalz
5 EL Pflanzenöl
250 ml Rotwein
300 ml Wildfond
100 g Tomatenmark
2 EL Preiselbeeren
Salz und frisch gemahlener schwarzer Pfeffer

FÜR DIE G'SCHLAMPERTEN NUDELN:

500 g Mehl (Type 405)
4 Eier
300 ml Milch
2 Zwiebeln
1 EL Pflanzenöl
Salz

FÜR DEN RADICCHIO:

500 g Radicchio (am besten Tardivo)
Balsamessig
Olivenöl
Salz und frisch gemahlener schwarzer Pfeffer

Z'erst muasst:

❶ In der Küchenmaschine das Mehl in die Rührschüssel, etwas Salz, Eier obenauf und mit dem Schneebesenaufsatz vermengen. Kontinuierlich Milch dazugeben und glattrühren. Die Konsistenz sollte zäh und nicht zu flüssig sein. 1 Stunde ruhen lassen.

❷ Den Radicchio der Länge nach vierteln, sauber waschen und mit Küchenpapier trocken tupfen. Mit einer Salatschleuder geht es auch sehr gut.

❸ Die Lende in zwei gleiche Teile schneiden, salzen, pfeffern und mit jeweils der Hälfte vom Rosmarin und Thymian einreiben. Mindestens eine Stunde einwirken lassen.

... und so geht's:

GAMS:

Das Fleisch in einer Pfanne (mit Deckel) in Bratfett scharf von allen Seiten anbraten. Zudecken und langsam weiterbraten (dabei immer wieder wenden), bis die Lende angezogen hat (Garungsgrad „Medium", Kerntemperatur 57 °C). Mithilfe eines Bratenthermometers oder durch leichtes Drücken mit dem Finger prüfen. Herausnehmen, in Alufolie einwickeln und im Bratrohr bei 70 °C warmhalten.

Für die Sauce Tomatenmark in den Bratensaft geben, kurz anrösten und mit Rotwein ablöschen. Die verbleibenden Kräuter dazugeben und das Ganze etwas einkochen lassen. Immer wieder Wildfond hinzufügen und aufkochen lassen. Mindestens 30 Minuten köcheln lassen, dann passieren. Abschmecken mit Salz, Pfeffer.

G'SCHLAMPERTE NUDELN:

Die Zwiebeln in dünne Halbmonde schneiden und in heißem Pflanzenöl hellbraun bis mittelbraun anbraten. Eine Kelle Teig auf ein kleines, feuchtes Holzbrett geben und mit dem Rücken eines langen Küchenmessers portionsweise (ca. 10-g-Stücke) in einen Topf mit sprudelndem Salzwasser schaben. Es entstehen längliche Nudeln. Mit einem Kochlöffel umrühren, sodass die Nudeln nicht am Topfboden ankleben. Gut aufwallen lassen und abseihen. In Butter schwenken und mit den Zwiebeln garnieren.

RADICCHIO:

Den Radicchio in Olivenöl sautieren und mit wenig Balsamessig ablöschen. Besonders gut eignet sich eine Balsamico-Sprühflasche.

Die Lendenteile aus dem Ofen nehmen, in ca. 2–3 cm dicke Scheiben schneiden und mit den Beilagen sowie der Sauce anrichten.

REST'L-VERWERTUNG:

Erkaltetes Fleisch dünn aufschneiden und mit Remoulade (Seite 18) oder auch Berberitzensauce (Seite 108) servieren.

Ein fettes Wammerl muss' ja auch ned schon wieder sein, vor allem nach den kalorienreichen „Wiesn"-Ausflügen und ein paar Pfund zu viel auf den Rippen. Dieser Gedanke kommt mir immer, wenn wieder einmal ein mageres, saftiges, zartrosa Stück Schweinelachs in den Hochglanzmagazinen auftaucht. Dieses Edelteil des Schweins birgt aber auch einige Nachteile. Bei den Grillspezialisten als zu zäh und zu trocken verpönt, moniert der Koch gern den gewaltigen Flüssigkeitsverlust beim Braten. Der dunkelrote, salzige, langweilige, mit drapiertem Fettrand in Form gebrachte Lachsschinken ist auch nicht wirklich meins, aber ein schönes, mageres Stück Fleisch ist es dann doch. Ned salzscharf und auch ned trocken sollt's halt sein, des Schweinderl. Nach langer Suche, einmal erfolgreich, ein andermal nicht, entschloss ich mich dann, mein Fleisch selber zu suren*. Das dauert zwar eine ganze Woche, das Resultat rechtfertigt aber den Zeitaufwand.*

**Wammerl = Schweinebauch; suren = pökeln*

G'SURTES SCHWEINSKARREE

MIT SAUERKRAUT UND ERBSPÜREE *Für 4 Personen*

Des brauchst:

1 kg Schweinskarree (Lachs) 40 g Pökelsalz (Nitritsalz)
½ TL Ascorbinsäure *(reines Vitamin C, in der Apotheke erhältlich)*
20 g Traubenzucker 10 Wacholderbeeren 3 Lorbeerblätter 1 EL Senfkörner

FÜR DAS SAUERKRAUT:

100 g geräuchertes Wammerl (Bauchspeck) 3 Schalotten 1 EL Butterschmalz
1 kg frisches Sauerkraut 250 ml Weißwein 5 Wacholderbeeren
3 Lorbeerblätter 1 l Fleischbrühe

FÜR DAS ERBSPÜREE:

500 g getrocknete gelbe Erbsen 1 weiße Zwiebel 1 EL Butter 2 EL Sahne 1 EL Crème fraîche
Muskat Maggi-Flüssigwürze Salz und frisch gemahlener schwarzer Pfeffer

Z'erst muasst:

Eine längliche Frischhaltedose mit Deckel wählen, groß genug, damit das Wasser und das Fleisch darin Platz haben (das Fleisch muss ganz von Flüssigkeit bedeckt sein). 2 l Wasser, Pökelsalz, Ascorbinsäure und Zucker in das Behältnis einfüllen und mit einem Schneebesen gut verrühren. Wacholderbeeren, Lorbeerblätter und Senfkörner dazufügen. Das Fleisch einlegen, Deckel darauf und ab in den Kühlschrank. Nach einer Woche ist das Fleisch gut durchgepökelt.

Die Erbsen in ca. 1 l Wasser einweichen und über Nacht einweichen. Nicht salzen, sonst werden die Erbsen nicht weich.

...und so geht's:

FLEISCH:

Zuerst ca. 3 Stunden wässern, dann in einen Dämpfer legen und ca. 1 ½ Stunden dämpfen. Wer über einen Dampfgarer verfügt, hat's natürlich leichter und das Ergebnis wird noch besser. Temperatur 80 °C, Dampf 100 %.

SAUERKRAUT:

Den Speck würfeln und die Schalotten fein hacken. Butterschmalz in einem geeigneten Topf heiß werden lassen und den Speck sowie die Schalotten darin anschwitzen. Kraut leicht ausdrücken, dazugeben, bei hoher Hitze gut vermengen und mit Weißwein ablöschen. Wacholderbeeren und Lorbeer dazu und dann nach und nach die Brühe dazugießen. Deckel darauf und ca. 2 Stunden bei niedriger Hitze köcheln. Umrühren nicht vergessen, dass nichts anbrennt.

ERBSPÜREE:

Die Erbsen im Einweichwasser mit der ganzen (geschälten) Zwiebel weichkochen. Vorsicht, brennt leicht an, deshalb immer wieder, am besten mit einem Stahlspatel, gut umrühren. Der Boden des Topfes muss glatt bleiben. Sollte es wider Erwarten doch passieren, dass der Brei anlegt und anbrennt, muss die Masse in einen anderen Topf gefüllt und das Angebrannte entfernt werden. Macht man das nicht, schmecken die Erbsen bitter.

Die Zwiebel entfernen, die Erbsen im Blender fein pürieren. In einem Topf etwas Butter schmelzen, die Erbsen dazugeben, mit Sahne und Crème fraîche verfeinern. Abschmecken mit Salz, Pfeffer, Muskat und Maggi-Flüssigwürze. Maggi mag nicht jedermanns Favorit sein, gibt jedoch dem Püree die typische Geschmacksnote. Am schönsten und cremigsten wird das Püree, wenn man kurz vor dem Servieren nochmals mit dem Zauberstab umrührt. Bei Bedarf mit etwas heißem Wasser verdünnen, denn Erbsen dicken immer wieder ein.

Das Arme-Leut-Essen schlechthin! „Wasserschnoizn" nannte man es damals, als es nur zu oft außer einem trockenen Stück Brot, a paar Zwiewe und grad amoi a Bröckerl Schmalz nix gebn hat, geschweige denn eine Leberwurscht, des wär ja purer Luxus g'wesen. Dabei ist diese einfache Suppn viel besser als ihr Ruf. Der Duft der in Schmalz angebratenen Zwiebeln, der Majoran aus der Leberwurst und die frische Petersilie geben ihr einen herrlichen Geschmack.*

** Wasserschnoizn = Wasserschnalzen*

Für 4 Personen

Abg'schmoizne BROTSUPPN MIT LEBERWURSCHT

Des brauchst:

500 g Brot vom Vortag   3 EL Butterschmalz   2 weiße Zwiebeln
½ Bund glatte Petersilie   2–3 gebrühte Leberwürste (als Ringware vom Metzger)
2 l Fleischbrühe

Z'erst muasst:
Das Brot mit einem scharfen Sägemesser in dünne Scheiben und diese wiederum in 4–5 cm lange Streifen schneiden. Die Hälfte des Butterschmalzes in einer Pfanne erhitzen. Das Brot darin anbraten und beiseitestellen.

Die Zwiebeln schälen, würfeln und ebenfalls in Butterschmalz leicht braun anbraten. Die Petersilie waschen, trocken schütteln, die Blättchen von den Stängeln zupfen und fein hacken. Die Leberwürste in einem Wasserbad etwas erwärmen und aus der Haut in ein Behältnis streichen. Vorsicht beim Aufschneiden, die Füllung könnte spritzen. Alle Zutaten bereitstellen.

...und so geht's:
Die Fleischbrühe zum Kochen bringen. Vier Suppenteller vorwärmen. Jeweils etwas von dem Brot, den Zwiebeln und der Leberwurst in die Teller geben, mit einer Schöpfkelle heiße Brühe darübergießen, mit etwas Petersilie bestreuen und sofort servieren.

REST'L-VERWERTUNG:
Geht nicht, ist bereits ein Rest'lessen.

Mein Vater erzählte gern folgende Geschichte aus unserem Nachbarort Zorneding. Am Sonntag vor der Messe hat der Herr Pfarrer die Antn ins Rohr g'schobn. Vorher liebevoll innen und außen gesalzen, gepfeffert, dann in die gusseiserne Bratrein gelegt. In der Eile vergaß er leider, seiner Haushälterin Zenzi Anweisung zu geben, das Geflügel nach einer Stunde zu wenden. Nun liest er bereits die zweite Hälfte der Heiligen Messe, als er seine Zenzi seelenruhig mitten in der Glaubensgemeinschaft sitzen sieht. Da schießt es ihm durch den Kopf: Jessas Maria, die Antn! Er öffnet die Arme zum Gebet gen Himmel und starrt die Zenzi an. Jetzt müsste eigentlich der Satz „Dominus vobiscum" kommen, er aber rezitiert mit erhobener Stimme: „Zenzi drah'd Ant um, brods drent a!"* Die Zenzi hat verstanden. Sie verlässt die Gebetsbank, geht ins Pfarramt, in die Küche, wendet die Ente, geht wieder zurück zur Kirche und setzt sich hin. Leicht schmunzelnd nickt sie ihrem Pfarrer zu. Sichtlich erleichtert fährt dieser mit der Heiligen Messe fort und verteilt die Hostien an die Gläubigen.*

In der Tat ist das Wenden eines Entenbratens enorm wichtig, sonst ist er auf einer Seite verbrannt und auf der anderen lätschert. Darum verwende ich einen Rost. Auf dem liegt das Federvieh und in der darunterliegenden Auffangschale werden das Fett und der Bratensaft aufgefangen. Dann kann nix passieren. Der Teig für unsere Kartoffelkroketten stammt ursprünglich aus Nepal: Riki Kur, eine typische Sherpaspeise, die mir dort von unserem Trekkingkoch oft serviert wurde. Man sagt, dieses Gericht sei eine Ehrerbietung an den Gast. Anders als in Nepal – dort werden aus dieser Masse Fladen gebacken – formen wir längliche Nockerl und braten sie in heißem Fett raus.

BAUERNANTN

Für 4 Personen

Des brauchst:

1 frische Bauernente, 2,5–3 kg
2 Boskop-Äpfel 20 g Butter (Flocken für die Sauce)
Salz und frisch gemahlener schwarzer Pfeffer

FÜR DIE KARTOFFELKROKETTEN:

750 g Kartoffelteig (roh) 50 g Kartoffelmehl 30 g Mehl (Type 405)
2 Eier 1 EL Salz 1 TL Selleriesalz

Ca. 1 l Frittierfett

FÜR DAS BLAUKRAUT:

siehe S' Ganserl, Seite 213

**Antn = Ente; Zenzi drah'd Ant um, brods drent a! = Zenzi, wende die Ente und brate die andere Seite auch!*

Z'erst muasst:

❶ Bei der Ente Fettlappen am Bürzel abtrennen, anschließend von innen und außen abwaschen. Mit einem Küchentuch gut abtrocknen. Die Äpfel in die Öffnung geben (falls nötig klein schneiden). Salzen und pfeffern.

❷ Alle Zutaten für die Kroketten außer dem Frittierfett gut mischen und bereitstellen.

...und so geht's:

❸ Den Ofen auf 120 °C aufheizen. Die Ente auf einen Rost geben und eine Auffangschale für Bratensaft und Fett darunterstellen. 30 Minuten mit dem Rücken nach oben garen, dann die Temperatur auf 140 °C erhöhen, die Ente drehen (Brust nach oben) und eine weitere 30 Minuten garen, danach auf 160 °C erhöhen, wieder 30 Minuten garen, schließlich auf 180 °C erhöhen und eine weitere 30 Minuten im Ofen lassen. In das Backblech immer wieder Wasser nachgießen, daraus entsteht eine köstliche, dunkle Sauce. Zuletzt bei 230 °C die Kruste schön mittelbraun (ca. 30 Minuten) übergrillen. Dabei immer wieder kontrollieren, dass die Haut nicht zu dunkel wird. Das untere Auffangblech aus dem Ofen nehmen und mit einer Spatel die braunen Seitenränder und den Boden freikratzen. Das Fett vom Bratensaft trennen. Das geht am besten mit einer Fetttrennkanne. Den Bratensaft mit Salz und Pfeffer abschmecken und ein paar Butterflocken dazugeben.

❹ Das Frittierfett in einem geeigneten Topf oder in der Friteuse auf 170 °C erhitzen. Die Krokettenmasse mit zwei Esslöffeln portionsweise in Form bringen und vorsichtig ins heiße Fett geben. Ab und zu mit einem langstieligen Löffel die einzelnen Kroketten voneinander trennen und umdrehen. Auf allen Seiten goldbraun frittieren, mit einem Schaumlöffel rausnehmen und auf Küchenpapier abtropfen lassen, dann in eine angewärmte Vorlegeschale geben und alles zusammen servieren.

REST'L-VERWERTUNG:

ANTNWICKERL

ETWAS AUFWENDIG, ABER ES LOHNT SICH!

1 Salatgurke 1 Romanasalat
1 Bund Frühlingszwiebeln 1 reife Avocado 1 Bund Koriander
Reisblätter *(im Asialaden zu kaufen)* Hoisin-Sauce

Die übriggebliebenen Entenstücke in Streifen schneiden. Die Gurke schälen und in ca. 8 cm lange Streifen schneiden. Den Romanasalat ebenfalls längs in Streifen schneiden. Die Frühlingszwiebeln putzen und längs vierteln. Die Avocado in ca. 1 cm dicke Spalten schneiden. Die Korianderblätter abzupfen. Alle Zutaten auf einer Platte bereitstellen.

Einen großen Essteller mit etwas lauwarmen Wasser füllen. Ein Reisblatt kurz einweichen und auf einer Stoffserviette oder Küchentuch abtrocknen. Auf einen Teller legen und etwas von den vorbereiteten Zutaten quer in die Mitte auslegen. Hoisin-Sauce darüberträufeln, das Blatt an den Seiten einschlagen und dann einwickeln.

Raffiniertes Essen, zwar nicht wirklich bayerisch, aber sehr gut.

Freilich kannt' ma' an fertigen Knödelteig kaufen, die Tüt'n aufreißen, a Kiacherl formen und in hoaß'n Fett rausbrat'n. Aber des geht bei uns in Bayern genauso wenig wie beim traditionsbewussten Kölner mit seinen „Rievkoche". Die werden auch nach Alter-Väter-Sitte zubereitet, und das ist auch gut so. Reiberdatschi* sind vielseitig zu verwenden. Als Hauptgericht mit Kompott oder auch als Beilage zu geräuchertem Fisch wie beispielsweise Räucherlachs.*

** hoaß = heiß; Reiberdatschi = Reibekuchen*

Für 4 Personen

REIBERDATSCHI
MIT BIRNENKOMPOTT

Des brauchst:

1 kg fest kochende Kartoffeln
¼ Schwefelblättchen (Apotheke)
50 g Kartoffelmehl
Salz und weißer Pfeffer

FÜR DAS BIRNENKOMPOTT:
1 kg Birnen
250 g Zucker
4 Nelken
2 Zimtstangen
1 unbehandelte Zitrone

Z'erst muasst:
Kartoffeln schälen, gut trocknen und in eine große Schüssel mit Deckel geben und schwefeln. Das macht man, damit die Kartoffeln beim Reiben nicht braun werden, sondern die Farbe halten und das geht so: ¼ Schwefelblatt in eine Kartoffel stecken, sodass es gerade mal fixiert ist und der Rest rausschaut. Schwefelblatt mit Feuerzeug entzünden, die Kartoffel zu den anderen legen, gut abdecken und am besten ins Freie stellen (riecht streng!). Das Schwefelblatt wird verkohlen. Das Ganze dauert ca. 10–15 Minuten. Dann die Kartoffeln mit kalten Wasser gut abwaschen, den Teil wo das Schwefelblatt gesteckt hat, großzügig rausschneiden.
Nun die rohen Kartoffeln fein reiben. Mit Kartoffelsäckchen fest auspressen und das Wasser auffangen. Darin enthalten ist Kartoffelstärke, die sich nach geraumer Zeit am Schüsselboden absetzt. Diese Stärke der Kartoffelmasse wieder zufügen, das Wasser abgießen. Masse etwas salzen, pfeffern und vorsichtig mit wenig kochenden Wasser übergießen. Kartoffelmehl dazugeben und alles gut durchkneten. Ergibt eine feste, zähe und glatte Kartoffelmasse.
Birnen der Länge nach vierteln und das Kerngehäuse und den Stängel entfernen. In möglichst gleiche Stücke schneiden. Die äußere Schale der Zitrone mit einem Messer abschälen, den Saft auspressen.

...und so geht's:
Birnen mit Zucker, den Gewürzen, der Zitonenschale und dem Saft sowie ½ l Wasser ansetzen und weichkochen (ca. 45 Minuten).

Aus dem Kartoffelteig mit der Hand flache Reiberdatschi formen und in heißem Butterschmalz schön goldgelb braten. Mit dem Kompott servieren.

Seit ich denken kann, wird unser Wald von uns selbst bewirtschaftet. Wir durchforsten, pflanzen und schneiden den Jungwuchs frei, fällen die vom Borkenkäfer befallenen Bäume. Und immer mal wieder reißen verheerende Stürme unsere wunderschönen alten Fichten und Eichen um. Es ist zum Weinen, aber das ist nun mal der Kreislauf des Waldes: vom Keimling zum schlagbaren Nutzwald. Und manchmal zeigen eben die Urgewalten der Natur ihre Zähne. Wind- und Schneebruch oder Schädlinge sind die Folge.

Danach gibt es jedes Mal eine Menge zu tun. Großvater erzählte uns von den damaligen Strapazen der Waldarbeit. Als es noch keine Motorsägen gab, wurden die Bäume mit einer Wiegensäge gefällt, die Baumstümpfe mühsam ausgegraben, mit einer Seilwinde gehoben und auch klein gesägt. Wahrlich eine Knochenarbeit. Dann kamen die ersten Motorsägen, ein Segen. Allerdings waren diese Dinger sauschwer und unhandlich. Mit zwölf Jahren hatte ich die erste Motorsäge und durfte auch schon mitarbeiten. Nur wenn's dann amoi z'vui wurde, holten wir Holzfäller aus der Umgebung dazu. Gesellig, wie mein Vater nun mal war, gab es am Abend nach getaner Arbeit eine Brotzeit und ein Bier, meistens auch mehrere. Heute erledigen wir unsere „Holzaktionen" gern mit vielen Freunden. Wie die Profis bestens ausgerüstet, zählt jede Hand. Ein großer Traktor mit Holzhäcksler und ein Radlader gehören auch zu unserem Fuhrpark. Es macht großen Spaß, im für uns „größten Fitnessstudio Bayerns" zu arbeiten. Waldarbeit verlangt nach Stärkung und das geht am besten mit einer heißen Suppe.

HOIZZA SUPPN*

Für 8 Personen

Des brauchst:

1 kg gelbe Erbsen *(getrocknet)* 500 g Bauchspeck, geräuchert mit Schwarte
1 Zwiebel 20 g Butterschmalz 2 l Gemüsebrühe 4 Paar Wiener Würstel
125 g Sahne 20 g Butter 2 EL Crème fraîche Muskat
Maggi-Flüssigwürze weißer Pfeffer Salz

Z'erst muasst:

Die Erbsen in ca. 2 l Wasser einweichen und über Nacht quellen lassen. Achtung, nicht salzen, sonst werden die Erbsen nie weich. Die Schwarte vom Speck trennen und aufbewahren. Eventuelle Knorpel entfernen. Den Speck in ca. 1 cm dicke Scheiben, anschließend in 1 cm breite Streifen schneiden.

...und so geht's:

Die Erbsen mit der ganzen (geschälten) Zwiebel im Einweichwasser weich kochen. Vorsicht, brennt leicht an. Immer wieder, am besten mit einem Stahlspatel gut umrühren. Am Boden des Topfes darf nichts anlegen. Sollte es wider Erwarten doch passieren, muss die Masse in einen anderen Topf gefüllt und das Angebrannte entfernt werden. Macht man das nicht, schmecken die Erbsen bitter. Die gekochten Erbsen mit etwas Brühe fein pürieren, Zwiebel vorher entfernen. In einem geeigneten Topf etwas Butterschmalz erhitzen und den Speck sowie die Schwarte anbraten, die pürierten Erbsen dazugeben und eine Weile köcheln lassen. Bei Bedarf mit etwas heißer Brühe verdünnen, denn die Erbsen dicken immer wieder ein. Wiener Würstel in mundgerechte Stückchen schneiden und in die Suppe geben. Gut heiß werden lassen. Mit Sahne, Butter und Crème fraîche verfeinern. Abschmecken mit Salz, weißem Pfeffer, Muskat und Maggi-Flüssigwürze. Maggi mag nicht jedermanns Favorit sein, gibt jedoch der Suppe die typische Geschmacksnote.

REST'L-VERWERTUNG: *Mit Brühe verdünnen und am nächsten Tag wieder aufwärmen oder portionsweise einfrieren.*

** Hoizza Suppn = Holzfällersuppe*

A bisserl handfertig muaßt scho sei, weil die Dinger rolln sich ned von alloa! Aber nach der zigsten Roulade geht's dann wia g'schmiert. Auch eher ein Sonntagsgericht, allein schon wegen der langen Vorbereitungszeit. In unserem alten, sauschweren, gusseisernen Bräter zubereitet, eine Delikatesse. Die ganze Küche duftete nach gedämpften Essiggurken und Zwiebeln. Und dazu unsere Leibspeise: Kartoffepüree. Aber wehe, in dem warn moi wieder „Batzn". Das wurde umgehend von uns Buben heftig moniert, aber Vaters strenger Blick ließ uns schnell wieder mit dem Essen fortfahren. „Es wird g'essn, was aufn Tisch kummt!", sagte er bestimmend. Das mit den „Batzn" lässt sich aber ganz einfach vermeiden, wenn man die gekochten Kartoffeln durch eine Presse drückt. Keine Ahnung, warum wir das damals nicht gemacht haben.*

** Batzn = Klümpchen*

Für 4 Personen

RINDSROULADEN

mit Kartoffepüree

Des brauchst:

4 große Rindsrouladen aus der Oberschale oder vom dicken Bug 4 TL scharfer Senf
12 dünn geschnittene Scheiben geräucherter Bauchspeck 500 g Karotten
5 Essiggurker 2 große weiße Zwiebeln 1 Pastinake 1 Petersilienwurzel 1 Bund Stangensellerie
1 Bund Frühlingszwiebeln 5 Schalotten 1 Bund glatte Petersilie 4 EL Sonnenblumenöl
100 g Tomatenmark 250 ml Rotwein 1 l Rinderbrühe Bratfett zum Rausbraten *(siehe Seite 33)*
1 EL Johannisbeergelee 1 Prise Muskat 1 Prise Zimt
Salz und frisch gemahlener schwarzer Pfeffer

FÜR DAS KARTOFFELPÜREE:

1 kg mehligkochende Kartoffeln 50 g Butter ½ l Milch 250 g Sahne
1 Prise Muskat weißer Pfeffer Salz

Küchengarn

Z'erst muasst:

❶ Die Rouladen auf einem Stück Frischhaltefolie auslegen, mit einer weiteren Lage Frischhaltefolie bedecken und flach klopfen. Folien entfernen und die Rouladen auf der Außenseite leicht salzen. Die Innenseite mit je 1 TL Senf bestreichen. Jeweils drei Speckscheiben der Länge nach auf eine Roulade legen.

❷ Eine Karotte waschen, schälen und in ca. 5 cm lange und 5 mm breite Stifte schneiden. Die Essiggurken ebenfalls in Stifte schneiden. Nun abwechselnd Karotten und Gurkenstifte quer zum Speck in ca. 1 cm Abstand auf der Fläche verteilen. Die Stifte müssen kürzer sein als die Roulade, dürfen also nicht über das Fleisch hinausragen, sonst kann man die Roulade nicht gut einschlagen.

❸ Die Zwiebeln längs in Streifen schneiden und diese auf der Roulade verteilen. Die Rouladen an den Seiten einschlagen, eng zusammenrollen und mit Küchengarn umwickeln.

❹ Die übrigen Karotten, die Pastinake und die Petersilienwurzel waschen, schälen und in 1 cm große Würfel schneiden. Den Stangensellerie putzen, waschen und in ca. 1 cm große Stücke schneiden. Die Frühlingszwiebeln putzen, waschen und in ca. 1 cm breite Ringe schneiden. Die Schalotten schälen und fein hacken. Die Petersilie waschen, trocken schütteln, Blätter von den Stängeln zupfen und fein hacken.

❺ Die Kartoffeln waschen, schälen und halbieren. Die Stücke sollten etwa gleich groß sein. Bei Bedarf größere Kartoffeln vierteln. In einen Topf mit kaltem Wasser geben.

...und so geht's:

❻ Für die Rouladen den Backofen auf 160 °C vorheizen. Das Gemüse in einer Pfanne mit Sonnenblumenöl scharf anbraten, dann das Tomatenmark dazugeben, anrösten und mit der Hälfte des Rotweins ablöschen. Die Flüssigkeit reduzieren, dann mit etwas Brühe auffüllen. Die Pfanne beiseitestellen.

❼ In einem großen, für die Benutzung im Backofen geeigneten Schmortopf Bratfett heiß werden lassen. Die Rouladen auf allen Seiten gut anbraten, Schalotten und Petersilie dazugeben und mit dem restlichen Rotwein ablöschen. Die Flüssigkeit reduzieren und dann mit etwas Brühe auffüllen. Die Rouladen möglichst eng aneinanderlegen, das Gemüse dazugeben. Den Deckel aufsetzen und den Topf und in den Backofen schieben. Die Rouladen ca. 1 ½ Stunden garen, dabei immer wieder mit dem eigenen Fond übergießen, sonst werden sie oben trocken. Bei Bedarf weitere Brühe dazugießen. Die Rouladen ab und zu wenden. Wenn die Rouladen weich sind, aus dem Topf nehmen und auf einem Backblech mit Alufolie bedeckt im Backofen warm halten.

❽ Für das Püree die Kartoffeln in Salzwasser weich kochen (ca. 30 Minuten). Abseihen und sofort durch eine Kartoffelpresse in eine Schüssel drücken. Weiche Butter dazugeben und mit einem Schneebesen oder dem Handrührgerät vermengen. Nach und nach heiße Milch dazugeben, bis die Masse glatt wird. Die Sahne zufügen, das Püree mit Muskat, Salz und weißem Pfeffer abschmecken und cremig schlagen. Gegebenenfalls im Wasserbad warm halten.

❾ Für die Sauce das weich gekochte Gemüse samt dem Fond mit dem Stabmixer pürieren oder durch ein Sieb passieren, dann nochmals im Topf auf kleiner Flamme köcheln lassen. Johannisbeergelee dazugeben und mit Salz, Pfeffer, Muskat und Zimt abschmecken. Alles zusammen servieren.

Da oane mog's, da and're ned. Oam' is' z'flaxig – der mag dann eher das fein parierte, fett- und sehnenfreie Fleisch von der Schulter oder vom Schlegel. Des war' mia aba vui z'trock'n. Recht machen kann man's halt ned jedem. Aber oan's is' g'wiß: Das saftigste Fleisch für das klassische Rindergulasch kommt vom Wadschenkel, nördlich des Weißwurstäquators auch Hesse genannt. Ja und a Bummerl ist ein Jungrind und des is' genau richtig für unser Gulasch. Und das gelingt am besten, wenn man gleich eine größere Menge zubereitet, denn dann wird's wesentlich kräftiger und g'schmackiger. Und eigentlich is' ja a wurscht, wenn was übrigbleibt, denn das Gulasch kann man sehr gut einfrieren und nach Belieben wieder auftauen. Gulasch wird sowieso immer besser, wenn man's a paarmal aufwärmt! Und ganz ehrlich, wenn ma scho mal die Augen wassrig vom Zwieweschneid'n hat und eh' in der Kuchel* umanandabatzt*, spielt des doch eh koa Roilln' mehr, oder?*

Für 4–6 Personen

WADSCHENKEL-GULASCH

vom Bummerl mit Brez'nknödeln

Des brauchst:

2 kg ausgelöstes Rindfleisch vom Wadschenkel (Hesse)
2 kg weiße und rote Zwiebeln (gemischt)
15 Wacholderbeeren   5 Lorbeerblätter   4 Nelken
5 EL Butterschmalz
250 ml Rotwein   4 EL Paprikapulver edelsüß und frisch (sollte eine dunkelrote Farbe haben)
2 EL gemahlener Kümmel   1 TL Chilipulver   1 kg passierte Tomaten   120 g Tomatenmark
Salz und frisch gemahlener schwarzer Pfeffer

FÜR DIE BREZ'NKNÖDEL:

500 g altbackene Brez'n   50 g Zwiebeln   1 EL Butterschmalz
1 Bund Petersilie
600 ml Milch   6 Eier   Abrieb von ½ Zitrone   Salz und frisch gemahlener Pfeffer

---

**flaxig = sehnig; Kuchel = Küche; umanandabatzn = kleckern*

Z'erst muasst:

❶ Das Rindfleisch gegen die Faser in ca. 4 cm breite Scheiben, anschließend in 6–7 cm lange und ca. 5 cm breite Stücke schneiden. So genau muss das natürlich nicht sein, das ist lediglich ein Anhaltspunkt. Zu kleine Stücke verkochen und sind am Ende nur noch in Faserform zu finden. Zwiebeln schälen und klein hacken. Wacholderbeeren mit einem großen Messer zerdrücken und zusammen mit den Lorbeerblättern und den Nelken in einen Gewürzsack geben.

❷ Für die Knödl die Brez'n mit der Brotschneidemaschine in dünne Scheiben schneiden und trocknen lassen. Die Zwiebeln klein hacken und in dem Butterschmalz glasig dünsten. Die Petersilie zupfen und ebenfalls klein hacken. Die Milch erhitzen und gleichmäßig über die Brez'n gießen. Die Eier aufschlagen und über der Masse verteilen. Petersilie, Zwiebel (mit dem Schmalz) und der Zitronenschale dazugeben. Salzen und pfeffern und das Ganze mit den Händen gut vermengen. 15 Minuten ruhen lassen. Dann in ca. 15 cm lange und 6–7 cm dicke Rollen formen. In ein sauberes Geschirrtuch oder eine Stoffserviette einwickeln und verzurren. Es geht auch sehr gut mit einer frischen Mullbinde.

...und so geht's:

❸ Das Rindfleisch in etwas Butterschmalz scharf anbraten, und ich meine wirklich scharf! Die einzelnen Stücke dürfen gut braun sein. Mit dem Rotwein ablöschen und samt der Flüssigkeit aus dem Topf nehmen.

❹ Das restliche Butterschmalz im Topf zerlassen und die Zwiebeln dazugeben, anbraten, bis sie glasig sind. Nun das Fleisch dazugeben und köcheln. Salzen, pfeffern, und Paprika, Chili sowie Kümmel hinzufügen. Den Gewürzsack gut verknotet oder verschlossen ebenfalls dazugeben. Immer wieder umrühren und auf keinen Fall anbrennen lassen. Nach und nach die passierten Tomaten und das Tomatenmark dazugeben. Bei schwacher Hitze köcheln lassen, bis das Fleisch schön weich ist. Das dauert ca. 4 Stunden. Den Gewürzsack entnehmen, und das Gulasch abschmecken.

❺ Die Brez'nrollen in sprudelndes Salzwasser legen und 20 Minuten ziehen lassen. Dann aus dem Tuch (Mullbinde) nehmen und in ca. 1 cm dicke Scheiben schneiden. Anrichten nach Belieben.

REST'L-VERWERTUNG:

Gulasch portionieren und einfrieren.
Brez'nknödel in Aluminiumfolie einschlagen und ebenfalls einfrieren.

Des is natürlich koa Suppn aus Kettengliedern, weil die würden ja nie weich werden!
So hätte es wohl Karl Valentin gesagt. Als „Kette" bezeichnet man in der Metzgerei einen nicht so wertvollen Teil der Lende. Darum wird die Kette in den guten Steakhäusern auch meistens entfernt.
Ich seh ihn heut noch vor mir: den Vater mit der weißen Küchenschürzn in der Kuchel mit einem Riesentrum Rinderkarree vor sich. Nachdem er mit dem Ausbeinmesser die Lende und das Filet entfernt hatte, machte er sich über die Knochen, besser: über das Fleisch an den Knochen her. Bis auf den letzten Fiesel hat er es zwischen den Rippen peinlichst genau entfernt und in kleine Stücke geschnitten. Die Lendenkette kam natürlich auch dazu.
„A bessers Fleisch für a Gulaschsuppn gibt's ned!", hod er g'sagt.

Für 4–6 Personen

KETTNGULASCHSUPPN

Des brauchst:

1 kg Rindfleisch der Lendenkette und von den Rippen
1 kg gemischte Zwiebeln
5 EL Pflanzenöl
50 g Butterschmalz
4 EL edelsüßes Paprikapulver
2 EL gemahlener Kümmel
2 l Fleischbrühe
500 g passierte Tomaten
Salz und frisch gemahlener schwarzer Pfeffer

Z'erst muasst:

Rindfleisch von Sehnen und Fett befreien und in kleine Würfel schneiden. Um Genauigkeit geht's dabei nicht, es können auch die kleinen Fasern dabei sein. Man sollte nur beachten, dass die einzelnen Stücke beim Kochen kleiner werden, weil sie viel Wasser verlieren. Die Zwiebeln schälen und fein hacken.

...und so geht's:

4 EL Öl und etwa 40 g Butterschmalz in einem großen Schmortopf heiß werden lassen. Das Rindfleisch darin bei hoher Hitze anbraten. Die Zwiebeln in einer separaten Pfanne in dem restlichen Öl und Butterschmalz anbraten und dann zum Fleisch geben. Mit Paprika, Kümmel, Salz und Pfeffer würzen. Die passierten Tomaten und die Fleischbrühe zugeben, Deckel auflegen und 2 Stunden bei schwacher Hitze köcheln lassen. Umrühren nicht vergessen, damit nichts anbrennt. Mit frischem Brot zum Tunken servieren.

REST'L-VERWERTUNG:

Kalt stellen und bei Bedarf aufwärmen – wird immer besser!
Oder portionsweise einfrieren.

Ein würziger Duft zieht durch die Küche, wenn die große Zwiebel auf der heißen Herdplatte angebraten wird. Zischen und pfeiffa duad sie. Etwas streng und rauchig riecht's schon, aber a guats G'schmackerl gibt sie der Brühe. Gleich dem Vorzähler zu einer kleinen Symphonie markiert der Duft den Auftakt zu einem meiner Lieblingsgerichte. Mag ja sein, dass der Tafelspitz oder das Bürgermeisterstück als die „edleren" Teile eines Rindviehs gelten, im Großen und Ganzen sind sie aber eher trocken und langweilig. Für mich eignet sich die flache Schulter des Bullen viel besser zum Sieden. Sie ist saftiger, kerniger und wegen der längs laufenden Sehne unverwechselbar, allerdings auch etwas fetter. Aber wer will, kann die dicke, glasige Sehne ja wegschneiden. Allerdings sagt man ihr sogar Heilkraft für die Gelenke nach: gewissermaßen ein „Schmiermittel" wie Hyaluron.

Mit den klassischen Zutaten Cremespinat, Kartoffelplatzerl, Schnittlauchsauce und frisch geriebenem Meerrettich ein wahres Festessen.

G'SOTTENE RINDSSCHULTER

mit Cremespinat und Kartoffelplatzerl

Für 4–6 Personen

Des brauchst:

FÜR DIE G'SOTTENE RINDSSCHULTER:

2 kg flache Bullenschulter   2 kg Suppenknochen vom Rind   1 große Zwiebel
500 g Karotten   1 Petersilienwurzel   1 Pastinake   1 Bund glatte Petersilie
1 kleiner Knollensellerie   1 Lauchstange

FÜR DIE KARTOFFELPLATZERL:

1,5 kg festkochende Kartoffeln   5 EL Butterschmalz
5 EL Pflanzenöl   Muskat   Salz

FÜR DEN CREMESPINAT:

2 kg frischer Spinat   50 g Butter   Olivenöl
Mehl zum Bestäuben   200 g Sahne   50 g Parmesan   50 ml Rinderbrühe   1 EL Crème fraîche
Muskat   Selleriesalz   Salz und frisch gemahlener schwarzer Pfeffer

FÜR DIE SCHNITTLAUCHSAUCE:

1 Scheibe Toastbrot   250 ml Milch   2 Eier und 2 Eigelbe   1 Bund Schnittlauch
1 Prise Muskat   1 Prise Chilipulver   300 ml Pflanzenöl   weißer Pfeffer   Salz

ein Stück frischer Meerrettich *(ca. 15 cm)*

Fleischwolf
Ausstechring, ca. 10 cm Ø

Z'erst muasst:

❶ Am besten am Vortag oder sogar ein paar Tage zuvor die Kartoffeln waschen, kochen, Wasser abgießen und im Topf erkalten lassen. Alte Kartoffeln eignen sich viel besser zum Reiben, da sich Enzyme gebildet haben, die von Vorteil sind für Geschmack und Bindung.

❷ Schulterstück und Rinderknochen waschen. Die Zwiebel nicht schälen, die Kappe großzügig abschneiden, mit der Schnittseite nach unten auf eine heiße Herdplatte legen, bis eine goldbraune Oberfläche entsteht. Die Karotten schälen und in ca. 5 mm dicke Scheiben schneiden. Petersilienwurzel und Pastinake schälen und ebenfalls in ca. 5 mm dicke Scheiben schneiden. Die Petersilie waschen und beiseitelegen. Den Sellerie schälen und in kleine Stücke scheiden. Den Lauch putzen, längs aufschneiden und gründlich waschen (in der oberen Hälfte sammelt sich meist Erde vom Feld). Dann in ca. 2 cm lange Stücke schneiden.

❸ Vom Spinat die Wurzeln abschneiden und die Blätter gründlich waschen. In einem großen Topf Wasser zum Sieden bringen und den Spinat kurz blanchieren. In eiskaltem Wasser abschrecken und in einen Seiher geben. Da merkst dann glei, wie viel von der vermeintlich riesigen Menge noch übrig ist. Gut ausdrücken und durch den Fleischwolf (kleine Scheibe) drehen.

❹ Vom Toastbrot die Rinde abschneiden. In einem für Pürierstab geeigneten Gefäß das Brot mit der Milch übergießen und einweichen. 2 Eier hart kochen, erkalten lassen und pellen. Mit einem Messer längs halbieren, das Eigelb herausnehmen und beiseitelegen. Das Eiweiß klein hacken. Schnittlauch waschen, trocken schütteln und klein schneiden.

REST'L-VERWERTUNG:

➸ *Es gibt mehrere Möglichkeiten. Der Klassiker wäre das* **Gröstl**, *ein Mischmasch aus Fleisch und Kartoffeln mit Rühr- oder Spiegelei. Die Brühe vorsichtig abseihen, portionieren und einfrieren. Kann man später vielfältig verwenden.*

➸ *Aber es geht auch edler: Das restliche Fleisch in Scheiben schneiden und einfrieren. Bei Bedarf die Brühe im Topf auftauen, die Fleischscheiben dazugeben und langsam erwärmen. Im Suppenteller mit Schnittlauch und frisch geriebenem Meerrettich servieren. Das perfekte Tellerfleisch – Convenience-Food à la Bavaria.*

➸ *Den Spinat kann man durchaus wieder aufwärmen, sofern man den Rest gleich nach der Mahlzeit in den Kühlschrank gestellt hat.*

➸ *Die Schnittlauchsauce hält sich gut gekühlt ein bis zwei Tage. Länger nicht, denn wegen der darin enthaltenen rohen Eier ist Vorsicht geboten!*

...und so geht's:

❺ In einem großen Topf 5 l Wasser, mit sämtlichem Gemüse und den Rinderknochen zum Kochen bringen. Die Hitze reduzieren und das Schulterstück dazugeben. Ab jetzt nur noch leicht köcheln, sonst wird die Suppe trüb. Den entstehenden Eiweißschaum immer wieder vorsichtig abschöpfen. Nicht umrühren! Auch davon würde die Suppe eintrüben. Die Schulter braucht ca. 3 ½ bis 4 Stunden Garzeit.

❻ Die Kartoffeln pellen und grob reiben. Eine große Pfanne etwas erhitzen und Butterschmalz zum Schmelzen bringen. Etwas Pflanzenöl dazugeben und die Pfanne von der Herdplatte ziehen. Den Ausstechring innen fetten, in die Pfanne legen, festhalten und geriebene Kartoffeln ca. 1 cm hoch in den Ring füllen. Die Masse mit den Fingern festdrücken – aufpassen, Verbrennungsgefahr. Den Ring vorsichtig entfernen. Mit etwas Abstand so viele Kartoffelplatzerl in die Pfanne setzen, wie hineinpassen, oben leicht salzen und mit Muskat würzen. Die Pfanne auf die Herdplatte zurückstellen und die Platzerl bei mittlerer Hitze auf einer Seite goldgelb braten, dann wenden. Eventuell noch etwas Butterschmalz und Öl zugeben, würzen und fertig braten. Mit den restlichen geriebenen Kartoffeln ebenso verfahren.

Einen Topf oder eine Kasserolle erhitzen, Butter darin schmelzen, bis sie bräunlich wird (Nussbutter). Vorsicht, das geht am Ende sehr schnell. Gegebenenfalls stoppt ein Schuss Olivenöl den weiteren Bräunungsvorgang sofort. Den Topf von der Platte ziehen, den Spinat hineingeben und mit der Butter vermengen. Eventuell eine Kelle Rinderbrühe zugeben. Mit Mehl bestäuben, verrühren und die Sahne dazugeben. Den Parmesan hinzufügen und unterrühren. Die Crème fraîche dazugeben, unterrühren und den Spinat mit Muskat, Selleriesalz, Salz und Pfeffer abschmecken.

❼ Das Brot ausdrücken und wieder mit der Milch vermengen. Die gekochten Eigelbe, 2 rohe Eigelbe, Salz, Muskat, weißen Pfeffer und Chilipulver dazugeben und mit dem Pürierstab vermengen. Weiterrühren und dabei langsam das Öl einarbeiten. Mit einem Löffel oder Teigschaber das gehackte Eiweiß und den Schnittlauch unterheben – fertig!

❽ Den Meerrettich schälen und reiben. Das Fleisch in Scheiben schneiden und mit Spinat und den Kartoffelpflanzerl anrichten. Den Meerettich über das Fleisch streuen und alles mit der Sauce servieren.

Die Schwaben hamm's erfunden. Im ganzen Alpenraum bis hin nach Nordbayern stehen sie auf fast jeder Speisekarte. Die oana machens so, die andern anders. Wir machen's no amoi a bissl anders. Unser Rezept kommt, wie sollte es auch anders sein, aus Schwaben. Mein Urgroßvater mütterlicherseits hatte es wohl irgendwann einmal aus seiner Heimat mit nach München gebracht. Der Trick dabei ist einfach: Es wird nicht am Ofen gerührt, der Käse schmilzt allein durch die Hitze der Spotzn in einer heißen Anrichtschale. Es muss schnell gehen. Eine Mordsprozedur für ein so einfaches Essen. Drei Leut' waren bei uns damit beschäftigt. Der Vater hat die heißen Spotzn geschüttet, unser Kindermädchen war für den Käse zuständig und Mutter für die Butterflocken. Am Ende haben alle geschwitzt, und eine riesige Porzellanplatte war liebevoll angerichtet. Unter „Vorsicht"-Rufen wurde sie noch immer dampfend auf den Esstisch gestellt. Obenauf war's mit gerösteten Zwiebeln angerichtet und als Beilage gab's an guatn grünen Salat.

Für 4 Personen

KASSPOTZN
MIT BRAUNE ZWIEWELN

Des brauchst:

500 g Mehl 5 Eier 200 ml Milch 40 ml Wasser
20 g Salz 1 EL Olivenöl 3 große rote Zwiebeln 2 EL Butterschmalz
150 g geriebener Emmentaler 150 g geriebene Gruyère 40 g Butter

Spätzlehobel

Z'erst muasst:

Den Spätzleteig (siehe Rehpfeffa, Seite 115) in der Küchenmaschine mit dem Schneebesenaufsatz glattrühren. Falls die Konsistenz zu fest ist, etwas Wasser hinzufügen. Die Masse muss zäh fließen. Mindestens eine halbe Stunde ruhen lassen. Die Zwiebeln der Länge nach halbieren und 3–4 mm dicke Halbmonde schneiden. Eine Vorlegeschale im Backofen bei 80 °C vorwärmen.

...und so geht's:

Einen großen, breitflächigen Topf mit reichlich Salzwasser aufstellen. Die Zwiebeln mit Butterschmalz in einer Pfanne anbraten, bis das ganze Wasser verdunstet ist und die Zwiebeln eine mittelbraune Farbe angenommen haben. Sie sollten jetzt angenehm süßlich schmecken. Am Herdrand warmstellen. Geriebenen Käse und Butter bereitstellen.

Wenn das Wasser sprudelt, den Teig mit einem Spätzlehobel in den Topf einbringen und immer wieder gut umrühren, damit nichts am Boden anlegt. Sobald alle Spotzn im Topf sind, einmal gut aufwallen lassen. Ab jetzt muss es schnell gehen. Die Spotzn abseihen und bereitstellen.

Die Schale aus dem Backofen nehmen, ein paar Butterflocken und einen Teil der beiden Käsesorten am Schalenboden verteilen. Ersten Teil der heißen Spotzn darüber verteilen, Butterflocken und Käse darauf und wieder Spotzn, Butter, Käse. So weitermachen, bis alle Zutaten aufgebraucht sind und mit zwei Löffeln die Spotzn vorsichtig vermengen. Die Zwiebeln parallel nochmals kurz erhitzen, anschließend längs und mittig über die Kasspotzn verteilen.
Sofort servieren.

Der absolute Lieblingskuchen meines Vaters. Und unser Kindermädchen Romy hat das Gebäck dementsprechend oft machen müssen. Zufrieden mit dem Resultat war sie aber nie. In typisch fränkischem Dialekt wetterte sie: „Allmächt, heid issa ma wieda a bissle z' dungl worn!" Diese Worte wiederholte sie immer wieder, als wär's ein Ritual. Dabei war er jedes Mal ein Traum. Mit frischer Butter zubereitet, der Duft der gebratenen Äpfel und des Zimts, einfach unvergesslich!*

Für eine 26-cm-Springform

GEDECKTER APFEKUACHA

Des brauchst:

220 g Mehl (Type 405)
1 TL Backpulver
125 g kalte Butter
100 g Zucker
1 Ei
1 EL Essig
5–6 Äpfel (Boskop)
1 Handvoll Rosinen
1 Prise Zimtpulver
1–2 EL Zucker
Puderzucker zum Bestäuben
Butter für die Springform

Z'erst muasst:

Das Mehl in eine Rührschüssel sieben und mit dem Backpulver vermischen. Die Butter in Flöckchen auf dem Mehl verteilen. Zucker, Ei und Essig dazugeben und alles rasch verkneten. Den Teig in Frischhaltefolie wickeln und im Kühlschrank 1 Stunde ruhen lassen.

Die Springform gut mit Butter ausstreichen. Die Äpfel schälen, Kerngehäuse ausstechen, dann die Äpfel in dünne Scheiben hobeln oder schneiden. Zimtpulver mit dem Zucker (je nach Geschmack) mischen. Die Apfelscheiben mit den Rosinen und dem Zimtzucker vermengen.

...und so geht's:

Vom Kuchenteig gut ein Drittel für den Deckel zurückbehalten. Den anderen Teil ausrollen und in die Form legen, dabei einen Rand hochziehen. Die Äpfel darauf verteilen. Aus dem Rest des Teigs einen Deckel ausrollen und damit den Kuchen belegen. Den Deckel ringsum leicht auf dem Kuchenrand andrücken. 45–60 Minuten (je nach Herd) bei 170 °C (Umluft) goldbraun backen. Auskühlen lassen und mit Puderzucker bestäuben.

** dungl = dunkel*

Die blaue Zunga rausblecka, a mords Gaudi, a ries'n G'schroa und des Latzerl daschmiert bis ob'n hi'! Das was das Ende der Blaubeerschlacht. Man konnt' seh'n, es hat eana g'schmeckt. So saßen sie am Abend da, unsere drei Kinder, am Tisch in der Kuchel vorm Jagdhaus. Angefangen hat das immer tagsüber mit einem Waldspaziergang mit unserem liebenswerten Tiroler Kindermädchen Claudia. Sie holte das alte Milchhaferl aus dem Keller, nahm die drei Stöpseln an der Hand und sagte: "Kemmst's, mia gengan Moosbeern suacha." So sagt man in Tirol zu den Blaubeeren und die Wälder unseres Jagdgebiets waren voll von diesen köstlichen Beeren. Kein Vergleich zu den Jumbo-Zuchtheidelbeeren, die man beim Obsthändler oder im Supermarkt kaufen kann. Übrigens: So ansprechend die auch ausschau'n, taugen tun sie so gut wie gar nix für die Blaubeerkiacherl oder „Moosbinockn", wie man sie in Tirol nennt. „Noch eins, noch eins!" Die arme Claudia konnte nicht so schnell backen, wie die Kinder die Blaubeerkiacherl wegputzten. Die ganze Kuchel roch nach Butterschmalz. Erst wenn der letzte Löffel Teig in der Pfanne war, gaben sie Ruhe. Danach war die Claudia fix und fertig und sichtlich froh, dass die drei Fratzen endlich im Bett waren. Aus den Kinderzimmern im ersten Stock hörte man dann aber doch noch: "Claudi, wann geh' ma wieda Moosbeern sammeln?"*

** rausblecka = rausstrecken; Fratzen = freche Kinder (liebevoll)*

Für 6 Personen

BLAUBEERKIACHERL

Des brauchst:

250 g Mehl (Type 405) 100 g Kartoffelmehl
4 Eier ½ l Milch
600 g Blaubeeren, frisch aus dem Wald (je kleiner, dunkelblauer und weicher, umso besser!)
Man kann auch Zuchtblaubeeren verwenden, allerdings nur TK-Ware.
Die frischen großen Blaubeeren sind nicht geeignet.
150 g Blaubeerkonfitüre (je nach Süße der Beeren)
2 EL Butterschmalz 2 EL Pflanzenöl
Puderzucker

Z'erst muasst:

Mehl, Kartoffelmehl, Eier und Milch zu einem glatten Pfannkuchenteig verrühren. Die Blaubeeren und die Konfitüre dazugeben und gut vermengen. Dabei werden einige Beeren aufplatzen (vorausgesetzt, die Beeren sind gut reif), und der Teig wird blau bis lila.

...und so geht's:

In einer beschichteten Bratpfanne das Butterschmalz und das Öl heiß werden lassen und wie bei herkömmlichen Pfannkuchen die Masse portionsweise einfließen lassen. Kleine, etwa 10 cm große Kiacherl formen und auf beiden Seiten braten. Herausnehmen und mit etwas Streuzucker oder Puderzucker garnieren.

REST'L-VERWERTUNG:

Gibt's nicht. Es wird nix übrigbleiben. Allein schon deshalb, weil die Fotografin Bianca andauend nascht ...

— *Winter* —

DU STADE, GRIABIGE ZEIT...

BIER VOM FALTYDORF

„Leit' saufft's ned so vui, trinkt's liaba a Bier", das hat Karl Valentin mal gesagt und damit dem edlen Gerstensaft eine andere Bedeutung gegeben: Die Trennung vom schnöden Saufen hin zum Genuss und offensichtlich gesünderen Bier im Vergleich zu anderen alkoholischen Getränken. Fragt man aber einen Bayern auf der Straße danach, wie Bier gemacht wird, so wird er meistens ein grantiges „woas i do ned" von sich geben, sich umdrehen, in der nächsten Wirtschaft verschwinden und eine Hoibe bestellen. Dabei gibt's doch fast nix Schöneres und Befriedigenderes als Wissen… Und so schwer ist des gar ned, des Bierbrau'n.*

Wissensdurstig, wie ich halt mal bin, habe ich mir vor langer Zeit ein Buch über das Bierbrauen gekauft. Dummerweise war zum Schluss unter dem Quellennachweis und dem Anhang auch die Annonce einer Kupferschmiede, die sich auf die Herstellung von Sudpfannen und Läuterbottichen für Wirtschafts- und Hausbrauereien spezialisiert hat. Es gab damals noch kein Internet. Also schrieb ich einen höflichen Brief mit der Bitte um Zusendung von Prospekten und Preislisten. Eine Woche später lag der DIN-A-4-Hochglanz-Katalog im Briefkasten. Mein Herz begann höher zu schlagen. Der Inhalt: Sudhäuser aus gehämmertem Kupfer für eine Braukapazität von 2–16 Hektoliter, wunderschön anzuseh'n, aufgebaut in mit Terracotta gekachelten Räumen. Auch die Dekoration mit frischen Hopfendolden fehlte nicht. Den Atem verschlug's mir allerdings beim Blick in die Preisliste.

Von 125.000 Mark für die kleinste bis weit über eine Million für die größte Ausführung. Enttäuscht legte ich den Katalog zur Seite. „Das muss doch auch anders gehen", dachte ich mir, und schlug in meinem Bierbraubuch nach. Man braucht zwei gleich große Gefäße, davon eines beheizbar (die Maischpfanne), das andere nicht (der Läuterbottich mit Sieb), so steht's da geschrieben. Und das Schicksal wollte es wohl so, dass ich eines Morgens die Tageszeitung aufschlug und unter Kleinanzeigen lese: Verkaufe Kleinstbrauerei, 150 Liter, gegen Gebot und Selbstabholung. Der freundliche Mann am Telefon erzählte mir von seinem großen Hobby, dass er Werkzeugmacher sei und sich gerade eine neue und größere Sudanlage bauen würde.

** Du stade griabige Zeit = Du stille, gemütliche Zeit; Hiobe = halber Liter Bier*

Wir vereinbarten einen Termin, und ich fuhr den weiten Weg bis ins Schwäbische Dillingen. Was ich dort sah, überzeugte mich sofort. Ein kleines Meisterwerk, sauber gearbeitet mit einem Hebewerk für den Läuterbottich, keine Pumpen und kein Schnickschnack. Schnell wurden wir handelseinig. Ein paar Wochen später fuhr ich mit unserem Hausmeister Stanko und einem großen Anhänger nochmals ins Schwabenländle, um das Sudhaus abzuholen. Nun steht das Schmuckstück im Faltydorf, und wenn gebraut wird, versammeln sich meist ein Haufen guter Freunde in meinem Bräustüberl und lassen sich erklären, wie das nun geht, das Bierbrauen. Und sollten die dann mal auf der Straße gefragt werden, ob sie denn wissen, wie Bier entsteht, dann werden sie sagen: „Ja, des woas i, oiso pass' auf."

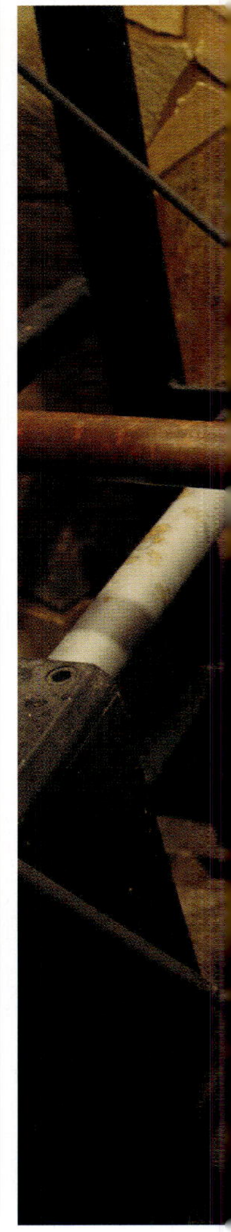

BIER BRAUEN

Für ca. 100 l Bier

Des brauchst:

21 kg Gerstenmalz (geschrotet),
für das Dunkle zusätzlich 1,5 kg Farbmalz (ungeschrotet)
60 g Hopfen
½ l Bierhefe (untergärig)

Außerdem:
Jodtinktur (Betaisodona),
Würzspindel

Z'erst muasst:
100 l Wasser auf 45 °C erhitzen und das geschrotete Malz klumpenfrei einbringen. 45 Minuten ruhen lassen.

…und so geht's:
❶ Unter ständigem Rühren das Wasser auf 56 °C erhitzen. Eine halbe Stunde ruhen lassen (man nennt das Rast). Auf 63 °C erhitzen und wieder eine halbe Stunde ruhen lassen. Dann auf 72 °C erhitzen und weitere 45 Minuten ruhen lassen.

❷ Jetzt die Jodprobe. Mit einem Glas oder Schöpfer etwas Gebräu aus dem Bottich nehmen, in eine Schale gießen und Jodtinktur (Betaisodona) darauf spritzen. Färbt sich die Flüssigkeit gelb/orange, ist das Gebräu

verzuckert und es kann geläutert (gesiebt) werden. Sollte die Flüssigkeit lila sein, dann ist noch Stärke im Gebräu und es muss weiter ruhen.

❸ Zum Schluss auf 78 °C erhitzen und durch Käseleinen abläutern. Im Tuch bleiben die Trebern zurück. Stammwürze mit einer Würzespindel feststellen. Eventuell Nachguss mit Wasser, sollte die Stammwürze zu hoch sein, sprich die 15 %-Marke überschreiten. Ein Drittel der Stammwürze entspricht dem Alkoholgehalt des Biers, also 5 %.

❸ Die Würze (so nennt man das von den Trebern getrennte Gebräu) wieder in die Sudpfanne gießen und einheizen. Den Hopfen dazugeben und kräftig 1 ½ Stunden kochen lassen. Nicht zudecken, es soll Flüssigkeit verdampfen. Das gibt dem Bier eine kräftige Note.

❹ Würze durch ein Sieb in den Läuterbottich fließen und auf ca. 20 °C abkühlen lassen.

❺ In ein Gärgefäß schütten und mit der Bierhefe vermengen. Nach ca. 10 Tagen ist das Bier vergoren und wird in Fässer oder Flaschen gefüllt. Nach weiteren 6 Wochen ist das Bier trinkfertig. Aufpassen: Das Bier hält gut gekühlt etwa 3 Monate. Bei unserem Bierkonsum nicht so lange.

REST'L-VERWERTUNG:

Die Biertreber an das liebe Vieh verfüttern.

Die älteste Art, Fleisch haltbar zu machen. Der Trick ist relativ einfach: Man salzt das Fleisch, dadurch verliert es Wasser, was wiederum zu einer Konservierung führt. Wasser- und Gewichtsverlust sind die eigentlichen Haltbarmacher – das wussten schon die alten Ägypter. Der Rauch ist eigentlich nicht zur Konservierung notwendig, verleiht dem G'selchten aber seinen typischen Geschmack. Es gibt je nach Region die verschiedensten Methoden, Rauch zu erzeugen. Über das zu verwendende Holz oder Holzspäne scheiden sich die Geister seit Generationen. Mein Vater war fasziniert von der Tiroler Methode und schaffte sich damals die erste Räucherkammer im Faltydorf an. Seither gehört das Räuchern bei uns zum Lifestyle. Das Ergebnis ernährte uns über Monate. Das Rezept zum Pökeln bekam er vom Bauer Seiwald, auf dessen Hof wir meist die Winterwochenenden verbrachten, um im nahe gelegenen österreichischen St. Johann Ski zu fahren.*

Seit dieser Zeit gab es bei uns immer hausgemachtes G'selchtes. Ich habe diese Tradition weitergeführt und durch einige Spezialitäten wie Hirsch- und Gamsschinken erweitert. Kleine Stücke G'selchtes aus der eigenen Räucherkammer sind auch ein gern gesehenes Geschenk für liebe Freunde. Traditionell eignet sich der Schweineschlegel am besten zum Räuchern. In Südtirol räuchert man auch sehr oft gleich eine ganze Schweinehälfte, die sogenannte Mezze. Das hat seinen guten Grund: Je größer das Stück, desto weniger Trockenrandflächen hat man. Und damit verbunden logischerweise mehr Ausbeute. Nur die bestgefütterten und gut gehaltenen Tiere schaffen es bei mir in die Räucherkammer, und dafür sorgt der Metzger meines Vertrauens, Peter Lehner aus Landshut. Zu gern hätte ich meine eigenen glücklichen Schweine, ich würde sie bis zu ihrem rühmlichen Ende bestens füttern, pflegen, massieren, duschen, cremen und striegeln.
Aber der vehemente und lauthalse Protest meiner Familie hält mich davon ab … noch!

Für ca. 50 kg Fleisch
(klingt zwar nach viel, es bleiben aber nur 25 kg G'selchtes übrig)

G'SELCHTES

Des brauchst:

50 kg Schlegel vom Schwein
500 g Nitritpökelsalz
500 g Kochsalz
300 g Traubenzucker oder Kristallpur
30 g Piment, gemahlen
1 Knoblauchknolle
20 g Pfefferkörner
100 g Wacholderbeeren, im Blender zerkleinert
10 g Ascorbinsäure (Vitamin C)

Lärchenbretter Granitstein Holzlatten
Stechahle Metzgergarn

** G'selchtes = Geräuchertes*

Z'erst muasst:

❶ Die einzelnen Fleischstücke sauber parieren. Es sollten keine kleinen Stücke und Fasern mehr dran sein. Diese vertrocknen nur beim Räuchervorgang. Eine saubere, glatte Oberfläche garantiert ein gutes Endprodukt. Sollte noch etwas Blut austreten, dieses mit einer Gaze abtupfen.

...und so geht's:

❷ Die übrigen Zutaten in einer großen Mischwanne homogen mit der Hand vermischen. Dabei sollte man Einweghandschuhe tragen, denn das Salz greift die Hände an. Das erste Fleischstück in die Wanne geben und von allen Seiten mit der Salzmasse einreiben. Nun nimmt man es mit einer Hand heraus und klopft mit der anderen Hand leicht auf das Stück. Das überschüssige Salz bröselt ab. In einen großen Bottich (traditionell ein Tontopf) mit der Schwarte nach unten legen. So verfährt man mit den weiteren Fleischstücken, wobei man darauf achtet, dass alle Stücke möglichst eng aneinanderliegen und wenig Luft dazwischen ist. Am Ende kommen zwei Lärchenbretter in Halbmondform darauf, danach zwei Querlatten und darauf ein schwerer Granitstein. Das presst das Fleisch aneinander. Mit einem sauberen Tuch abdecken und in die Kühlung bei ca. 3 °C geben. Nach ca. einem Tag bildet sich Wasser, das im Normalfall die Oberfläche voll benetzt. Sollte dies nicht der Fall sein, zehnprozentige Salzlake herstellen (siehe Bachforelle, Seite 63), abkochen, erkalten lassen und in den Bottich füllen. Drei Wochen dort belassen. Dann werden die Holzteile und der Stein entfernt und die einzelnen Stücke mit einem Fleischhaken aus dem Bottich geholt. Das Wasser schüttet man weg, und die einzelnen Fleischstücke gibt man möglichst lose zurück in den Bottich. Kühl stellen und auf guten Durchzug achten. Das Fleisch brennt nach, sagt man. Es oxidiert. Nach einem Tag beginnt man mit dem Wässern der Stücke. Dazu nimmt man frisches, kaltes und leicht fließendes Wasser. Gut einen Tag lang wäscht man so laufend überschüssiges Salz aus. Danach beginnt der Trockenvorgang. Man sticht mit einer Stechahle am dünnen Ende des Stückes ein Loch und führt ein kräftiges Metzgergarn durch die Muskulatur. Zu einer Schlaufe verknotet wird es so in die Räucherkammer gehängt. Bei schweren Fleischstücken sind zwei oder sogar mehrere Schlaufen notwendig. Die einzelnen Stücke dürfen sich nicht berühren, sonst gibt's fahle Stellen. Sind alle Stücke sauber geordnet in die Kammer verbracht, den Kamin und die untere Luftzufuhr auf vollen Durchzug stellen. Erst nach zwei Tagen wird vorsichtig Feuer gemacht. Der Rauch muss kalt bleiben (unter 25 °C). Das ist sehr wichtig, sonst trocknet das Fleisch außen zu schnell ab und verschließt die Poren. Das Wasser kann nicht mehr abfließen und das G'selchte erstickt. Ein übler Geruch und eine graue Fleischfarbe deuten darauf hin.

❸ Wenn die Schwarte eine schöne goldgelbe Farbe annimmt, das Fleisch entnehmen und in den Keller zum Reifen geben.

❹ Erst nach 2 Jahren entfaltet das G'selchte seinen typischen Geschmack. Bei uns überlebt es allerdings selten das erste Jahr ...

Bei diesem Gericht sind wir nun endgültig auf den entlegensten Berghöfen und Almen angelangt. Früher war das „Muas" die Grundnahrung des Almbauern und seiner Familie. Man kann sich das heute nur schwer vorstellen, wie arm und entbehrungsreich diese Menschen gelebt haben. Außer einem Sack Mehl, Zucker und Salz und einer bestens vor Fliegen gehüteten Seite Speck gab es so gut wie gar nichts auf dem Hof. Ein spärlicher Garten, sorgfältig eingezäunt, damit das Wild „ned die Pflanzen fladert", versorgte die Familie im Sommer mit etwas Gemüse, Salat und Kräutern und damit mit Vitaminen. Die Kinder mussten jahrein, jahraus eine enorme Strecke zur Schule hinunter ins Tal bewältigen und das meist ohne geeignetes Schuhwerk. Oft hat es grade mal zu einer Art Fadschn* gereicht. Am Weg zurück nach Hause haben sie dann das Allernotwendigste aus dem lokalen Kramerladen mitgenommen und meist anschreiben lassen, weil kein Geld da war.*

Holz wurde im Winter geschlagen, denn nur da hatte man Zeit dazu. Sobald der Schnee geschmolzen war, machte man sich an die Arbeit, die steilen Wiesen zu bewirtschaften und mühsam die Erde vom letzten Erdrutsch wieder nach oben zu schaffen und zu verdichten. Gesät wurde mit Sämereien aus der Heutenne. Brot hat die Bäuerin einmal im Jahr gebacken und von den Krümeln zehrte die Familie das ganze Jahr über. Wenn einer krank wurde, halfen überlieferte Heilmittel. Das Wort Urlaub gab es nicht, und die Kinder verbrachten die Ferien auf der Hochalm. Meine liebe Freundin Herta Gruber wuchs in einer solchen Familie zusammen mit 21 Kindern auf. Sie waren arm, bescheiden und doch glücklich. Wer einmal einen Tag auf einer Alm war, kann sich vielleicht vorstellen, was für ein Glücksgefühl es sein muss, dort den ganzen Sommer zu verbringen. An Kleidung reicht eine Lederhose und gutes Schuhwerk. Kühe, Schafe und Ziegen hüten, Beeren, Kräuter und Pilze sammeln, die Kuh melken, frische Milch genießen, Butter und Käse selbst machen, den ganzen Tag ist was los. Am Abend dann das nahrhafte Melchermuas, das von der Almbäuerin mehr Geschick erfordert, als die Zutaten erahnen lassen.*

Für 4 Personen

MELCHERMUAS

Des brauchst:

50 g Butter
4 EL Weizenmehl, gehäuft
1 ½ l Milch
200 g Maismehl
20 g Salz

NUSSBUTTER:

100 g Butter

Z'erst muasst:

Die gute alte Eisenpfanne sauber putzen.
In einer großen Kasserolle die 100 g Butter erhitzen, bis sie leicht braun wird (Nussbutter).

...und so geht's:

Etwas Butter in der Pfanne hell bräunen, das Weizenmehl dazugeben und mit dem Schneebesen gut umrühren. Mit einer Tasse kaltem Wasser löschen. Milch dazugeben, salzen, dabei ständig mit dem Schneebesen umrühren. Kurz vor dem Kochen langsam das Maismehl einrieseln lassen und weiterrühren. Bei gleichmäßiger Hitze und unter sehr häufigem Rühren (dazu eignet sich am besten eine kleine Kelle) ca. 30 Minuten kochen lassen, bis sich am Boden der Pfanne hellbraune Raspen (Krusten) bilden. Danach etwas abkühlen lassen und mit Nussbutter servieren.

Melchermuas ist ein Pfannengericht. Jedes Familienmitglied sitzt mit einem Löffel am Tisch und schöpft aus der Pfanne.

** fladern = klauen; Fadschn = Bandage; Melchermuas = Melkermus*

Die Lung pfeift, die Haxn dean weh, und 's Wetter schlagt a' um! Was muass i Depp a' da nauf?! Auf amoi hab i wos in der Nasn – die Hüttn is ned weit. Kurz vor dem Ende eines kräftezehrenden Anstiegs wird man, sofern der Wind bergab bläst, die ersten Anzeichen von Hüttenleben erschnuppern. Der Duft von Holzfeuer, gebratenen Zwiebeln und Speck hat mir nur zu oft die Kraft für die letzten Höhenmeter kurz vor dem Aufgeben und Umdrehen gegeben.

„Ja hoi, wo kimmst denn du no daher?" Ein verdutzter Hüttnwirt starrt mich von der alten Rauchkuchel aus an. Nur eine Handvoll Bergsteiger sind noch da, sie werden im Matratzenlager nächtigen, die Tagesgäste sind längst auf dem Heimweg ins Tal. „Host no wos zum Essen?", frage ich ihn. „Kaibezähn mit Speck warn no da", ist seine karge Antwort. Was der Volksmund „Kälberzähne" nennt, sind grobe Graupen. Eine klassische Gerstensuppe also, das perfekte Mahl nach einer Bergtour. „Ui ja, des mog i! Und a Hoibe hell, bitt schön!"

Für 6–8 Personen

KAIBEZAHNSUPPN

mit Speck

Des brauchst:

300 g geräucherter Bauchspeck mit Schwarte
2 weiße Zwiebeln
500 g Karotten
1 Spitzkohl
1 kleiner Knollensellerie
500 g grobe Perlgraupen
2 EL Pflanzenöl
50 g Butterschmalz
250 ml Weißwein
2 l Gemüsebrühe
100 g Bergkäse
frisch gemahlener schwarzer Pfeffer
Muskat

Z'erst muasst:

Vom Speck die Schwarte abschneiden und beiseitelegen, dabei ruhig etwas mehr Fett am Speck lassen. Den Speck in 1 cm dicke Scheiben schneiden und würfeln. Eine Zwiebel schälen, hacken und beiseitestellen, die andere Zwiebel schälen, die Kappe großzügig abschneiden, mit der Schnittseite nach unten auf eine heiße Herdplatte oder ohne Fett in eine Pfanne legen, bis eine goldbraune Oberfläche entsteht. Die Karotten schälen und in ca. 1 cm dicke Würfel schneiden. Vom Spitzkohl die äußeren Blätter entfernen, den Kopf der Länge nach vierteln, Strunk entfernen und die Viertel quer in 1 cm breite Streifen schneiden. Den Sellerie schälen und in ca. 1 cm dicke Würfel schneiden. Die Graupen waschen und abtropfen lassen.

...und so geht's:

Einen ausreichend großen Brattopf erhitzen, darin Öl und Butterschmalz heiß werden lassen. Speck und gehackte Zwiebel darin anschwitzen. Karotten, Kohl, Sellerie und Graupen hinzufügen und bei hoher Hitze anbraten. Mit dem Weißwein ablöschen, reduzieren und dann die Brühe dazugeben. Die angegrillte Zwiebel und die Schweineschwarte dazugeben, Deckel daraufsetzen und 2 Stunden bei kleiner Hitze köcheln. Umrühren nicht vergessen, damit nichts anbrennt. Zum Schluss den Bergkäse reiben und dazugeben.

Würzen mit frischem Pfeffer und Muskat. Salzen muss man in der Regel nicht, da der Speck, der Käse und die Brühe genug Salz enthalten. Und – zu viel Salz ist eh ungesund.

REST'L-VERWERTUNG:

Wenn von der Suppn was überbleibt, einfach kalt stellen und am nächsten Tag mit etwas Gemüsebrühe verdünnen und aufwärmen. Oder unverdünnt als Eintopf genießen oder als Beilage zu Fleisch, Wurst etc. servieren. Das Ganze hält sich gekühlt locker 2–3 Tage.

Mein Vater hatte irgendwann einfach das Kommando in unserer Küche übernommen, motiviert von den Kochgeschichten meines Bruders aus der Haute Cuisine. So stand er immer da, mit weißer Kochschürze um den monströsen Bauch, deren Bänder unser Kindermädchen Romy extra verlängern musste. Er war ein fantastischer Koch und bekochte die ganze Familie fast täglich. Krautwickerl bereitete er immer für viel zu viele vor; als käme eine ganze Fußballmannschaft zum Essen. Die übrigen Wickerl portionierte er und steckte sie in die Tiefkühltruhe. Vor dem Einfrieren musste er sie allerdings auskühlen lassen und dazu eignete sich der einfache Riffelblechtisch auf der Terrasse besonders gut, dachte er … Nur hatte er leider nicht mit unserer gefräßigen Cockerspanielhündin Anka gerechnet, die es irgendwann mal schaffte, zwei Aluformen mit je 12 Krautwickerl zu stibitzen und auf der Wiese vor dem Haus seelenruhig zu verspeisen. Dad kam aus der Küche und wollte nun die Aluschalen mit Deckel versehen und in die Kühltruhe bringen. Entsetzt schaute er auf den leeren Tisch. Dann schwenkte sein Blick auf die Wiese. Dort lag die vollgefressene Spanieldame, hechelnd mit gespreizten Haxen, weil sie keinen Schritt mehr laufen konnte. „Ja, du Sauviech, du verreckt's!", fluchte er hilflos. Mehr konnte er eh nicht mehr tun …

Für 8 Personen

KRAUTWICKERL
MIT SÜSSKARTOFFELSTOCK

Des brauchst:

2 Scheiben Toastbrot — 125 ml Milch — ½ Bund glatte Petersilie
2 große Weiß- oder Spitzkohlköpfe *(man braucht nur die großen Blätter, vom Rest kann man Krautsalat machen, siehe Seite 198)*
5 Schalotten — 50 g Butterschmalz — 1 kg Hackfleisch (gemischt)
3 Eier — 1 TL edelsüßes Paprika — 1 TL Muskat
1 EL Worcestersauce — Abrieb von ½ unbehandelten Zitrone (nicht mehr!) — ½ l Rinderbrühe

FÜR DEN SÜSSKARTOFFELSTOCK:

500 g Kartoffeln — 1 kg Süßkartoffeln
20 g Butter — 250 ml Milch — Muskat

Küchengarn

Z'erst muasst:

❶ Das Toastbrot in der Milch einweichen. Die Petersilienblätter abzupfen und fein hacken.

❷ Die äußeren großen Blätter der Krautköpfe vorsichtig abtrennen, sauber waschen und 3 Minuten blanchieren. Abschrecken und in einem Sieb abtropfen lassen. Die Schalotten in etwas Butterschmalz glasig sautieren, nicht bräunen. Das Fleisch mit dem Toast, den Eiern, der Petersilie, den Schalotten, den Gewürzen, der Worcestersauce und dem Zitronenabrieb in einer Schüssel gut verkneten und 30 Minuten ziehen lassen. Die Kartoffeln und die Süßkartoffeln schälen und in zwei Töpfen getrennt in kaltem Wasser aufsetzen (verschiedene Garzeiten). Von den großen blanchierten Krautblättern den Strunk rausschneiden, flach auflegen und längliche Portionen Fleischmasse darin einrollen. Mit Küchengarn verzurren und beiseitelegen.

...und so geht's:

❸ Den Backofen auf 180 °C (Ober-/Unterhitze) vorheizen. Die Krautwickerl erst in dem übrigen Fett kurz anbraten. Auf ein tiefes Backblech oder in eine Auflaufform eng aneinanderlegen, mit etwas Bratensaft und Brühe übergießen. Im Backofen ca. 1½ Stunden schmoren. Ab und zu mit dem Bratensaft übergießen und eventuell weitere Brühe hinzugeben, damit die Oberfläche nicht trocken wird.

❹ Kartoffeln und Süßkartoffeln getrennt weich kochen, abseihen, anschließend durch eine Kartoffelpresse in die Schüssel der Küchenmaschine drücken. Butterflocken dazugeben und die erhitzte Milch langsam einrühren. Mit wenig Muskat abschmecken. Die Süßkartoffel hat bereits einen sehr ausgeprägten Geschmack und braucht nicht viele Gewürze.

❺ Die Krautwickerl aus der Form nehmen und im Ofen warmstellen. Den ausgetretenen Bratensaft erneut mit Brühe verdünnen, aufkochen lassen, passieren und abschmecken. Alles anrichten und servieren.

REST'L-VERWERTUNG:

Krautwickerl mit etwas Sauce portionsweise einfrieren.

Ein ziemlich aufwendiges Gericht und a wuide Fieselei no dazua. Aber es lohnt sich. Am besten verdoppelt man die unten angegebene Menge und friert den Rest ein. Das ist erstens der Qualität zuträglich und zweitens: wenn man schon dabei ist, dann gleich richtig. Meine Exfrau Karin nimmt sich ab und zu die Zeit, dieses aufwendige Gericht zu kochen, und die ganze Familie profitiert dann davon. Was läge näher, als ihr wunderbares Rezept zu übernehmen? Es geht eh nicht besser.*

Für 4 Personen

OCHSENSCHWANZRAGOUT

von da Karin

Des brauchst:

2 kg Ochsenschwanz in Stücken
4 weiße Zwiebeln
4 rote Zwiebeln
6 Stängel Staudensellerie
4 Knoblauchzehen
6 Zweige frischer Thymian
2 EL Paprikapulver edelsüß
1 EL Mehl
100 g Butterschmalz
200 g Tomatenmark
1 l Rinderbrühe
1 ½ l Rotwein (gute Qualität)
50 ml Madeira
Salz und frisch gemahlener schwarzer Pfeffer

FÜR DIE SPINATSPOTZN:

400 g gehackter TK-Spinat
300 g Mehl (Type 405)
100 ml Milch
5 Eier
2 EL Butter
Selleriesalz
Salz und frisch gemahlener schwarzer Pfeffer

Spätzlehobel

Z'erst muasst:

❶ Die Fleischstücke sauber waschen. Die Zwiebeln schälen und klein hacken, den Staudensellerie waschen und in kleine Würfel schneiden. Knoblauch schälen und durch eine Knoblauchpresse drücken. Den Thymian waschen, trocken schütteln und die Blättchen von den Stängeln streifen. Den Spinat auftauen, anschließend gut ausdrücken, das Wasser zurückbehalten und beiseitestellen.

...und so geht's:

❷ Die Ochsenschwanzstücke im Paprikapulver wälzen und mit Mehl bestäuben. Dann in einem großen Topf in dem Butterschmalz scharf anbraten. Tomatenmark, Zwiebeln, Knoblauch und Staudensellerie dazugeben. Wenn es beginnt anzusetzen, mit der Brühe ablöschen, die Thymianblättchen darüberstreuen und den Deckel aufsetzen. 2 Stunden bei kleiner Hitze köcheln, dann Rotwein und Madeira zufügen und weitere 2 Stunden köcheln lassen.

❸ In der Küchenmaschine das Mehl mit Milch, Eiern und einer Prise Salz zu einem zähen Spätzleteig verarbeiten. Den Spinat unterrühren und gegebenenfalls so viel Spinatwasser zufügen, dass der Teig zähflüssig, aber tropffähig ist. Den Spätzleteig 30 Minuten ruhen lassen.

❹ In einem großen Topf Salzwasser zum Kochen bringen. Den Teig portionsweise mit einem Spätzlehobel ins leicht kochende Wasser tropfen lassen, umrühren, damit nix am Boden klebt, und das Wasser einmal aufwallen lassen. Spätzle mit einem Schaumlöffel aus dem Topf heben und in kaltem Wasser abschrecken.

❺ Die Ochsenschwanzstücke aus dem Topf nehmen, auskühlen lassen und dann mit einem scharfen kleinen Messer das Fleisch vom Knochen lösen. Das Fleisch wieder in die Sauce geben und das Ragout ohne Deckel nochmals köcheln lassen, bis die Sauce sämig und dunkelbraun ist. Mit Salz, Pfeffer und Madeira abschmecken.

❻ Die Butter in einer großen Pfanne zerlassen, die Spinatspatzl hineingeben und unter Rühren erwärmen. Mit Selleriesalz und Pfeffer abschmecken und servieren.

REST'L-VERWERTUNG: *Portionieren und einfrieren.*

** wuide Fieselei = extrem kleinteilige Arbeit*

Was wär' dieses Kochbuach ohne das Nationalgericht der Bayern? A oida Huat! Und warum muss ausgerechnet das Schwein dafür herhalten? Na, ganz einfach: Auf jedem Bauernhof grunzen und suhlen sie rum, die Biomüllschlucker der Nation. Der lebende Komposthaufen für Essensreste, Salat- und Gemüseabfälle. Früher haben die Bauern noch die sogenannten „Saukübel" aus den Gasthäusern abgeholt, umsonst, versteht sich. Das Hausschwein, Bunte Bentheimer, Wollschwein (Mangalica) oder was auch immer für eine Rasse man wählt, ist eine geniale Erfindung. Da hat er sich schon was ganz B'sonderes einfallen lassen, der do obn. Ois kann man verwerten, na ja, fast ois. Angefangen beim edlen Karree und Filet bis zum Schlegel für das G'selchte, von der Schulter bis zua die Haxn, vom Hackfleisch für Fleischpflanzerl und die Wurst, von den saftigen Grillkoteletts vom Hals bis zum Wammerl, von den Backerl bis zu die Knöcherl für die Knöcherlsulz, vom Kronfleisch bis zur Leber für die Leberwurst. Das frische Blut für die Blutwurst und den roten Presssack, ja sogar die Därme verwertet man als Wursthaut z. B. für Weißwürscht. Und die gewaschene Plunsn* diente sogar dem Leibgericht unseres Altbundeskanzlers Helmut Kohl als Außenhaut für seinen ach so geliebten Pfälzer Saumagen. Zurück zur Schulter und zum Wammerl: Das sind die beiden Stücke für unseren Schweinebraten, Modell „Dahoam". Für jeden etwas: das saftige und doch magere Schulterstück sowie das eher fettere Wammerl mit viel knuspriger Kruste. Es gehört schon etwas Geschick und ein guter Ofen dazu, einen bayerischen Schweinebraten zu zaubern, dass' ned bloß a „Schweineschmorbraten" wird. Und die Soss' dazu is a verzinkt*. Geduld und immer wieder aufgiassn, ned verbrenna lassen, des braune Randerl vom Reindl kratzn is sakrisch wichtig. Die alten Bäuerinnen hamms uns vorg'macht. Keine Demi glace aus der professionellen Küche, keine Saucenhilfe vom Supermarkt brauchst' dazu, du muasst blos wissen, wia's geht.*

** oida Huat = alter Hut; Plunsn = Pansen; verzinkt = aufwendig*

SCHWEINSBRATEN

Für 6–8 Personen
Modell „Dahoam"

Des brauchst:

- 2 kg Schweineschulter *(ausgelöst mit Schwarte)*
- 2 kg Bauchfleisch *(ausgelöst mit Schwarte)*
- 3–4 Knoblauchzehen
- 2 Gemüsezwiebeln
- 3 Karotten
- Kümmel
- Selleriesalz
- Muskat
- Salz und frisch gemahlener schwarzer Pfeffer

Krautsalat und Kartoffelknödel siehe Schpofacke, Seite 198 und Reiberdatschi, Seite 136

Z'erst muasst:

Die Fleischstücke waschen und abtrocknen. Gut salzen und pfeffern und mit kleingehacktem Knoblauch und Kümmel einreiben. Davon etwas zurückbehalten, das braucht man später. Mindestens 2 Stunden bei Zimmertemperatur ziehen lassen. Am besten mit einem Geschirrtuch abdecken. Von den Zwiebeln die Kappe großzügig abschneiden (nicht schälen) und die Schnittfläche auf einer Herdplatte oder mit einem Gasbrenner anbrennen. Die Karotten schälen und in Längsstreifen schneiden.

...und so geht's:

Den Ofen auf 120 °C vorheizen. Das Fleisch scharf anbraten und auf den Ofenrost geben. Ein tiefes Backblech auf die untere Etage einlegen, 1 l Wasser, Karotten und die Zwiebeln ins Blech geben. Nach 30 Minuten sollte die Haut weich sein. Die Stücke herausnehmen und mit einem sauberen Cutter die Schwarte in Rauten ca. 1 cm tief einschneiden. Die Haut nochmals salzen und mit dem Rest von Knoblauch und Kümmel bestreuen. Zuerst das Schulterstück zurück in den Ofen geben und die Temperatur auf 180 °C erhöhen. Nach 30 Minuten dann das Wammerl, das eine kürzere Garzeit hat. Das Fleisch mehrere Male mit der Flüssigkeit übergießen. Nach und nach Wasser (alternativ Bier) ins Backblech gießen. Am Backblech wird sich ein brauner Rand bilden. Mit einem Spatel diesen Rand immer wieder abkratzen und mit dem Fond verrühren. So entsteht eine wunderbare Sauce. Aufpassen, dass der Fond nicht zu sehr einkocht und verbrennt. Immer wieder Flüssigkeit nachgießen. Nach ca. 3 Stunden sollte die Kruste braun werden. Jetzt die Temperatur auf 220 °C erhöhen. Besonders auf die Sauce achtgeben, sie verbrennt leicht. Das Fleisch aber nicht mehr saucieren, sonst wird die Kruste weich. Sobald die Schwarte Blasen wirft, ist der Braten fertig. Die Sauce passieren, in einem Topf aufkochen lassen und mit Salz, Pfeffer, Selleriesalz und Muskat abschmecken. Den Braten in Scheiben schneiden und mit der Sauce und den Beilagen servieren.

Ein herrlicher Morgen auf der Alm. Grad hab i des Kaffeeg'schirr wegg'ramt und eigentlich wollt i jetz mei Ruah ham, als der alte Geländewagen meines Jagdnachbarn um die Eck'n kimmt. „Ja wos duast denn Du da, lang nimma g'segn", ruf ich ihm zu. Wir begrüßen uns überschwänglich. „Kimm auffe auf a Glasl", sog i. So ist das hoid amoi in die Berg': Die Gastfreundschaft wird groß geschrieben. Nix is mit da Ruah. Gern nimmt er die Einladung an.

Bei einem Glasl bleibt's dann auch nicht, und ich lade ihn ein, zum Essen zu bleiben: A Gröstl gibt's halt nur, mehr hob i nimma. Gestern hat's an guatn Braten gebn und a bissl was is übrigbliebn. Er schmunzelt und sagt: „Is eh' was ganz Feines und des Zeig muaß ja a g'essn werden. Wegschmeißen war' a Sünd." Und recht hat er. Ein Rest'l-Essen ist nichts Minderwertiges, ganz im Gegenteil. Ein würziges Bauerngröstl, vermengt mit den restlichen Kartoffelknödeln (oder Kartoffeln) und vielleicht ein paar Eiern, das hat der übrig gebliebene sonntägliche Festbraten allemal verdient.

** Ruah = Ruhe*

BAUERNGRÖSTL MIT SPECK

Für 4–6 Personen

Des brauchst:

750 g Reste vom Braten
8 kalte Kartoffel- oder Semmelknödel
(wahlweise Kartoffeln vom Vortag)
1 rote Zwiebel
60 g Butterschmalz
10 g Butter
1 EL Kümmel
Salz und frisch gemahlener schwarzer Pfeffer

Z'erst muasst:
Braten und Knödel beziehungsweise Kartoffeln in mundgerechte Streifen schneiden. Die Zwiebel schälen und hacken.

...und so geht's:
Die Zwiebel mit Butterschmalz glasig anbraten. Die Braten- und Knödelstücke dazugeben und anbraten. Die Butter dazugeben, Kümmel darüberstreuen, mit Salz und Pfeffer abschmecken und servieren.

Wie der Name schon sagt, ein Verlegenheitsgericht. Watschn-einfach, schnell zu kochen, aber ned jedermanns Sach. Stand auch bei uns nur ab und zu auf dem Speiseplan. Ach ja, wir nannten sie auch Watschnsuppn, und das hatte seinen guten Grund. Mein Bruder Ralf war noch recht klein und er mochte diese Suppn glei gar ned. Jähzornig haute er immer wieder mit dem Löffel in den Teller, bis es unserem Vater zuviel wurde: „Hör jetzt auf und iss!", fauchte er den Bappn-ziachadn Zornbinkel* an. Ralf aber dachte gar nicht daran: Die Schläge auf den Suppenteller wurden eher kräftiger. Der scharfe Blick des Vaters ließ Übles erahnen. „Iss jetzt, sonst fangst' oane (a Watschn)*!" Das Unheil nahm schließlich seinen Lauf. Ein weiterer, noch festerer Schlag und der Teller brach in zwei Teile. Totenstille am Tisch. Ralf blickte erst zu den beiden Tellerstücken, dann in die Runde. Leise sagte er: „Jetz' hamma zwei!" Ängstlich schaute er den Vater an. Der fing schallend an zu lachen, und die Ohrfeige blieb aus.*

** Watschn-einfach = kinderleicht; Bappn-ziachadn Zornbinkel = den Mund verziehende Kinder; Watschn = Ohrfeige*

Für 4 Personen

FAULE-KÖCHIN-SUPPN

Des brauchst:

3 Eigelbe
3 TL Mehl
2 l gute Fleisch- oder Gemüsebrühe
etwas glatte Petersilie
Salz

Z'erst muasst:

Von den Eigelben die Keimflecken säuberlich entfernen. Salzen und mit einem Schneebesen das Mehl einrühren.

...und so geht's:

Die Brühe zum Brodeln bringen und die Eiermasse langsam unter ständigem Rühren einträufeln. Die Eierfäden stocken lassen und mit etwas fein gehackter Petersilie garniert servieren.

* Nix fia mi = Nichts für mich

The day after … Nach einer langen Partynacht trifft man sich am nächsten Tag wieder. High noon irgendwo in den Hollywood Hills bei Freunden. Mir treibt's den Schweiß aus den Poren. Ned vom Arbeiten oder Bergsteigen – des Tschili con Carne is zum Verreck'n scharf.

Chili ist für die Südstaatler in den USA, genauer gesagt die Tex-Mex-People, ein Nationalgericht, fast schon ein Festtagsessen. Komisch, alle lachen, keiner japst nach Luft, keiner scheint das Höllenpotenzial dieser Speise zu bemerken. Die müssen wohl einen anderen Magen haben, aus Edelstahl oder zumindest innen plastifiziert. Wie sonst kann man das in sich reinfuttern, ohne auch nur mit der Wimper zu zucken? Nix fia mi. Herzhaft, aber nicht zu scharf gewürzt sollt' es sein. Eine ideale Alternative zur Gulaschsuppe um Mitternacht, oder eben für einen Hangoverbrunch am nächsten Tag. Chili Con Carne gibt's wie Sand am Meer, gutes Chili weit weniger. Meine liebe Freundin Henriette macht das beste Chili.*

TSCHILI CON CARNE

Für 8 Personen

von da Henriette

Des brauchst:

6 Dosen Kidney Bohnen
2 Dosen Mais
1,5 kg weiße und rote Zwiebeln *(gemischt)*
1 Knoblauchknolle
3 grüne Paprika
2,5 kg Hackfleisch *(gemischt)*
5 EL Olivenöl
2 Dosen weiße Bohnen in Tomatensauce *(Baked Beans)*
1 Dose geschälte Tomaten *(eine Dose extra, falls es zu trocken wird)*
1 kl. Dose Tomatenmark
4 gestrichene TL Chilipulver
4 gehäufte EL Paprikapulver edelsüß
2 gestrichene EL Kreuzkümmel
200 g Crème fraîche

Z'erst muasst:

Kidney Bohnen und Mais in ein Sieb abgießen und abspülen. Die Zwiebeln schälen und fein hacken. Knoblauch schälen und in dünne Scheiben schneiden. Die Paprika waschen, die Kerne entfernen und klein würfeln.

…und so geht's:

Das Fleisch in Olivenöl anbraten, Salz, Pfeffer und Zwiebeln dazu geben, gefolgt vom Rest, außer der Crème fraîche. Zugedeckt am besten über den Tag (mindestens aber 2 Stunden) leise köcheln lassen und nicht vergessen, immer wieder umzurühren (das Chili brennt leicht an). Sollte zu viel Flüssigkeit verdampfen und das Chili zu trocken werden, mit einer weiteren Dose geschälten Tomaten verdünnen. Wenn's fertig ist, auf dem Teller mit einem Klecks Crème fraîche garnieren.

REST'L-VERWERTUNG:

Na ja, portionieren und einfrieren. Der nächste Hangover kommt bestimmt …

Kronfleisch ist das Fleisch des Zwerchfells, ein echtes Münchner Schmankerl. Im Tal, gibt's sogar seit ewigen Zeiten eine spezielle Kronküche: sehr beliebt bei den Münchnern, aber auch bei den Zuag'roasten. Das Fleisch bleibt zwar auch nach langer Garzeit langfaserig und etwas zäh, aber der Geschmack ist großartig und typisch. Bei uns zu Hause steht es auch immer wieder auf dem Speiseplan. Mein Großvater hat's sogar ab und zu verlangt, wenn auswärtige Gäste angekündigt waren, um ihnen was B'sondres zu servieren. Es ist eher eine Brotzeit als ein „ausgewachsenes" Mittagessen.*

**Zuag'roasten = Zugezogene*

Für 4 Personen

KRONFLEISCH
VOM RIND

Des brauchst:

1 kg Rinderkron 2 Bund Suppengemüse
ein Stück frischer Meerrettich *(ca. 15 cm)* 2 Zwiebeln

Z'erst muasst:
Die Rinderkron sauber waschen. Das Suppengemüse putzen. Zusammen mit dem Suppengemüse in einen Kochtopf mit Salzwasser ansetzen.

...und so geht's:
Die Kron braucht 3 ½–4 Stunden Garzeit. Danach ca. 2 cm dicke Scheiben quer zur Fleischfaser schneiden. Den Meerrettich schälen und reiben. Die Zwiebeln in Ringe schneiden und servieren.

REST'L-VERWERTUNG:
Übriggebliebenes Fleisch zu Gröstl mit Rührei verarbeiten.

Also, da hob' i ganz schee dumm g'schaugt, als ich im Jahre 1976 das erste Mal in Beverly Hills die Schwelle des Heiligtums der amerikanischen Fleischkultur überschritt. An den Wänden riesige Gemälde der Gründerfamilie, das Mobiliar neoklassizistisch, die Kellnerinnen in mokkabraunen Uniformen mit weißem Hütchen und dann: „This is Louis, your carver", er schneidet heute Abend ihr Fleisch ... Wie Piloten steuern die Bratenköche die wunderschönen, auf Hochglanz polierten Art-déco-Wärmewagen (von denen ein einziger sage und schreibe 100.000 Dollar kostet) elegant an den Tischen vorbei. Meist Latinos oder Afroamerikaner, schneeweiß gekleidet mit einem riesigen Goldamulett auf der Brust und weißen Baumwollhandschuhen.

Hinter dem kofferraumartigen Edelstahldeckel des Wagens ruht die pure Köstlichkeit: Primerib! Ganze Rinderkarrees mit Knochen in den klassischen vier Garstufen, rare, medium rare, medium und medium well. Von „well done" möchte ich hier nicht sprechen, das wäre eine Beleidigung für das Rindvieh. Zu den Fleischkolossen noch Cremespinat, in Butter geschwenkte Maiskörner, Kartoffelpüree – wahlweise eine Ofenkartoffel mit Sauerrahm –, Schnittlauch und Speck, dazu die Sauce in tiefen Edelstahltöpfen. Bis zum heutigen Tage eines meiner Lieblingslokale: Lawry's The Prime Rib.

Wie und was genau sie dort mit dem Fleisch anstellen, kann man nur erahnen, es wird immer ein Geheimnis bleiben. Aber eines ist gewiss: Die Fleischqualität ist unübertroffen. Will man das in der heimischen Küche nachmachen, muss man zuerst das richtige Stück Fleisch ergattern. Fündig wird man am ehesten bei einschlägigen Fleischhändlern, die USDA Prime oder USDA Choice Qualitätsfleisch führen. So sehr ich ein Fan von Produkten aus der Region bin, muss ich zugeben, dass ich bei uns ganz selten ein geeignetes Fleisch für einen derart zarten Primerib-Braten entdeckt habe. Aber wer sich umschaut, der findet schon das Richtige. Wichtig ist, dass das Stück gut abgehangen ist, Minimum vier Wochen. Noch wichtiger ist, dass das Stück eine gute Marmorierung zeigt. Fein von Fett durchzogenes Fleisch wird einfach zarter.

Für 6–8 Personen

RINDSKARREE

mit Ofenkartoffe und Spinat

Des brauchst:

FÜR DAS RINDERKARRE: 5–6 kg Rinderkarree mit Knochen (4 Rippen) USDA Prime oder Choice Qualität Meersalz frisch gemahlener schwarzer Pfeffer

FÜR DIE OFENKARTOFFELN: 300 g Frühstücksspeckscheiben 8 große Kartoffeln 1 Bund Schnittlauch 400 g Sahne 400 g Sauerrahm 200 g Crème fraîche

FÜR DEN SPINAT: *siehe G'sottene Rindsschulter, Seite 151*

Bratenthermometer

50

Z'erst muasst:

❶ ... ein Fleischthermometer besorgen. Sonst wird's schwer, die Garstufe zu bestimmen.

❷ Das Fleisch gründlich mit Meersalz und Pfeffer einreiben. Ein paar Stunden, besser noch über Nacht, ruhen lassen.

❸ Die Speckscheiben in einer antihaftbeschichteten Pfanne kross braten, auf Küchenpapier abtropfen und erkalten lassen. Dann mit einem Wiegemesser hacken. Den Schnittlauch in feine Röllchen schneiden.

❹ Sahne, Sauerrahm und Crème fraîche mit einem Schneebesen in einer Schüssel gut verrühren, Schnittlauch unterheben und wieder kaltstellen.

...und so geht's:

❺ Den Ofen auf 230 °C vorheizen. Das Fleisch auf einen Rost geben und eine Auffangschale darunterstellen. 15 Minuten braten, dann die Temperatur auf 160 °C reduzieren. Ab und zu die beiden Enden des Bratens mit dem aufgefangenen Saft bepinseln. Die Kartoffeln auf ein gesondertes Blech oder um das Fleisch platzieren, wobei sich die Garzeit etwas verlängert. Garzeit ca. 2 Stunden. Besser wäre ein zweiter Ofen bei 170 °C Umluft.

Wichtiger als die Bratzeit ist die Kerntemperatur. Die Spitze des Thermometers an die innerste Stelle des Karrees platzieren.

Kerntemperaturen:

„rare"	49–51 °C
„medium rare"	54–57 °C
„medium"	60–62 °C
„medium well"	65–68 °C

Höhere Kerntemperaturen gehören zum Schmorbraten, nicht aber zum Primerib.

❻ Den Braten aus dem Ofen nehmen, mit Alufolie einwickeln und mindestens 30 Minuten ruhen lassen. Die Bratsäfte durchdringen so den ganzen Braten.

❼ Das Fleisch in Scheiben schneiden. Die Kartoffeln auswickeln, einschneiden und mit der Schnittlauchcreme füllen. Speck und Schnittlauch über die Kartoffeln geben. Kartoffeln und Fleisch mit Spinat servieren.

REST'L-VERWERTUNG:

Aus Eins mach Drei:

Primerib vom Knochen lösen und kalt als Roastbeef aufschneiden.

Vom übrig gebliebenen Spinat lässt sich zusammen mit Schnittlauch, Speck und der Sahnemasse eine vorzügliche Quiche herstellen. Dazu je nach Rest 4–8 Eier schaumig schlagen, alle Zutaten vermengen und in eine mit Blätterteig ausgelegte Form geben. Mit etwas Parmesan überstreuen und 40–50 Minuten bei 160 °C (Umluft) backen.

Die Kartoffeln aus der Folie nehmen, schälen und reiben. Daraus lassen sich sehr gut Kartoffelrösti herstellen. Einfach in eine Pfanne mit Olivenöl geben, verteilen, flach drücken und auf beiden Seiten goldgelb braten. Mit Salz und etwas Muskat würzen.

Was das Eisbein für den Berliner oder das Hämmchen für den Kölner, ist für den Bayern die Surhaxn. Dieses saftige Stück Schweinefleisch entzückt den Alpenländer seit eh und je. Das „Suren", also Pökeln von Fleisch hatte früher, abgesehen von der schönen zartrosa Fleischfarbe den Vorteil, dass es viel länger haltbar war als rohes Fleisch. Die Löffelspotzn dazu sind eine Beilage aus der fränkischen Heimat meiner Urgroßmutter. Als Kinder haben wir davon so viel verputzt, dass wir fast geplatzt sind. Aber auch die guatn, aufgschmalzt'n Zwieweln hamm' uns bald druckt, sodass wir schnell im Wald verschwinden mussten ... zum „Auslüften", denn für die unvermeidbaren Blähungen wollt' ma a ned scho' wieder unseren armen Schäferhund verantwortlich machen. Ich sure meine Fleischstücke heut grundsätzlich selber. Nur wenn halt gar keine Zeit ist, dann kaufe ich die Haxn gesurt, also gepökelt.*

** aufgschmalzte Zwieweln = angebratene Zwiebeln*

Für 4 Personen

SURHAXN
MIT LÖFFESPOTZN

Des brauchst:

FÜR DIE HAXN:

110 g Pökelsalz
10 Wacholderbeeren
3 EL Senfkörner
1 TL Piment
5 Lorbeerblätter
2 EL Zucker
2 Nelken
1 TL Ascorbinsäure *(Vitamin C, in der Apotheke erhältlich)*
2 frische Surhaxn (hintere) oder 3 frische Surhaxn (vordere)

FÜR DIE ZWIEBELN:

4 große weiße Zwiebeln
4 große rote Zwiebeln (zusammen ca. 1 ½ kg)
2 EL Pflanzenöl
50 g Butterschmalz
Salz

FÜR DIE LÖFFESPOTZN:

500 g Mehl (Type 405)
4 Eier
300 ml Milch
Salz

Z'erst muasst:

❶ Aus 3 l Wasser und dem Pökelsalz eine Lake herstellen. Einen geeigneten sauberen Eimer oder Topf (ca. 5 l Fassungsvermögen, am besten mit Deckel) verwenden. Die Haxn müssen vollständig mit Wasser bedeckt sein.

❷ Die Wacholderbeeren im Mörser zerkleinern und zusammen mit Senfkörnern, Piment, Lorbeerblättern, Zucker und Nelken zur Lake geben.

❸ Die Ascorbinsäure dazugeben und alles mit dem Schneebesen verrühren. Die frischen Haxn waschen und in die Lake legen. Die Temperatur von Fleisch und Lake sollte ca. 5 °C betragen. 3 Tage im Sud belassen, dann die Lake abgießen und die Fleischstücke 1 Stunde wässern.

❹ Für die Löffespotzn das Mehl in die Rührschüssel der Küchenmaschine geben. Etwas Salz sowie die Eier darübergeben und das Ganze mit dem Schneebesenaufsatz vermengen. Kontinuierlich Milch dazugeben und glatt rühren. Die Konsistenz sollte zäh und nicht zu flüssig sein. 1 Stunde ruhen lassen.

❺ Die Zwiebeln schälen, der Länge nach halbieren und dünne Halbmonde schneiden.

...und so geht's:

❻ Einen Topf mit Wasser füllen, eine Handvoll Salz dazu und die Haxn bei moderater Hitze weich kochen. Das dauert ca. 3 ½ Stunden. Wer über einen Kombidämpfer verfügt: 110 °C/100 % Dampf.

❼ Öl und Butterschmalz in einer Pfanne heiß werden lassen. Die Zwiebeln andünsten, bis sie eine goldbraune Farbe haben. Beiseitestellen. Kurz vor dem Servieren des Gerichts nochmals erhitzen und dunkelbraun werden lassen.

❽ Für die Löffelspotzn einen großen Topf Salzwasser zum Kochen bringen. Mit zwei Esslöffeln die Spotzn in Form bringen und ins sprudelnde Wasser geben. Das geht so: Mit dem einen Löffel etwas Teig aus der Schüssel fassen, ins Wasser tauchen und mit dem anderen Löffel abstreifen. Die beiden Löffel nach jedem Spotzn kurz ins heiße Wasser tauchen, dann klebt der Teig nicht fest. Dazwischen immer wieder umrühren. Wenn alle Spotzn im Wasser sind, noch einmal aufwallen lassen. Sobald sie an der Oberfläche schwimmen (nach ca. 10 Minuten), werden sie abgeseiht. Anschließend in eine heiße Kasserolle oder Schüssel geben. Die nochmals erhitzten Zwiebel darübergeben und zusammen mit den Surhaxn und dem Sauerkraut (siehe G'surrtes Schweinskarree, Seite 127) servieren.

REST'L-VERWERTUNG:

Löffespotzn in Butter schwenken und mit dem Rest von den Haxn zu einem Gröstl verarbeiten.

Auch wenn es sich erst mal liest, als wär's eine Fregatte aus dem Nordmeer. Nein, ist es nicht. A Schpofacke ist ein Ferkel, also ein junges Schwein. Und Schwein ist nicht gleich Schwein. Und ein Schpofacke ist halt schon was ganz Besonderes, eine wirkliche Delikatesse. Langsam am Feuer gedreht, gegart, liebevoll mit Dunkelbier bepinselt, begleitet und bewacht von Bierkrug haltenden Männern, die immer gute Ratschläge oder einen derben Witz auf den Lippen haben. Wenn dann allgemeine Übereinstimmung über die Garstufe herrscht, wird das Facke vom Grill genommen und mehr oder weniger fachgerecht zerlegt. Es bedarf also schon etwas Erfahrung und den richtigen Grill, um das perfekte Schpofacke zu grillen. Es muss aber nicht immer gleich das ganze Schwein sein. Ein Teil davon, im Bratrohr gegart, auch mit Dunkelbier bepinselt, ergibt einen wunderbaren Sonntagsbraten.*

** Schpofacke = Spanferkel*

SCHPOFACKE
MIT LAUWARMEM KRAUTSALAT

Für 6–8 Personen

Des brauchst: Je nach Gusto nimmt man ein Stück vom Rücken oder die Schlegel, gern auch die Schultern, das Schäuferl. Der Metzger wird schon ein gutes Stückerl haben!

2,5 kg Spanferkel   1 Gemüsezwiebel   50 g Butterschmalz   2 EL Planzenöl   ½ l Dunkelbier   Salz

FÜR DEN KRAUTSALAT: 2 Spitzkohlköpfe   300 g geräucherter Bauchspeck   5 EL Sonnenblumenöl   3 EL Weinessig   Kümmel   Salz   weißer Pfeffer

FÜR DIE KARTOFFELKNÖDEL: 3 kg festkochende Kartoffeln   ¼ Schwefelblättchen *(Apotheke)*   3 Scheiben Toastbrot   50 g Butter   Salz

Z'erst muasst:

❶ Das Fleisch waschen und mit Küchenpapier abtupfen. Von allen Seiten gut salzen und mindestens 1 Stunde mit sauberem Geschirrtuch zugedeckt stehen lassen. Beim Spanferkel ritzt man die Haut nicht ein, da das zarte Fleisch leicht austrocknen könnte. Zudem ist die Haut wesentlich dünner als beim erwachsenen Schwein. Von der Zwiebel die Kappe großzügig abschneiden (nicht schälen) und die Schnittfläche auf einer Herdplatte oder mit einem Gasbrenner anbrennen.

Den Spitzkohl der Länge nach halbieren, den Strunk herausschneiden und quer in sehr dünne Streifen schneiden. Das geht am besten mit der Aufschnittmaschine oder mit einem Krauthobel.

Den Bauchspeck in kleine Würfel schneiden, kross braten und mit dem ausgetretenen Fett beiseitestellen.

...und so geht's:

❷ Den Backofen auf 120 °C vorheizen. Öl und Butterschmalz in einer großen Pfanne erhitzen und das Spanferkelstück von allen Seiten anbraten.

❸ Auf den Ofenrost legen, in den Ofen schieben und ein tiefes Backblech darunterstellen. Die Zwiebel ins Backblech geben und auch etwas Wasser und Bier. Den Braten immer wieder mit Bier übergießen. Nach ca. 1 Stunde die Temperatur im Backofen auf 180 °C erhöhen und ein letztes Mal mit Bier übergießen. Jetzt sollte am Backblech bereits ein dunkelbrauner Rand zu sehen sein. Mit Wasser und Bier ablöschen, mit einem Spatel den Rand immer wieder abkratzen und mit dem Fond verrühren. So entsteht eine wunderbare dunkle Sauce. Aufpassen, dass der Fond nicht zu sehr einkocht und verbrennt. Immer wieder nachgießen. Nach ca. einer halben Stunde sollte die Kruste braun werden. Jetzt die Temperatur auf 220 °C erhöhen. Sobald die Schwarte Blasen wirft, ist der Braten dann fertig.

Anmerkung: Die beschriebenen Garzeiten beziehen sich auf ein großes Rückenstück vom Spanferkel.

DIE KARTOFFELKNÖDEL:

Ca. 1 kg kleinere, etwa gleich große Kartoffeln schälen und in Salzwasser kochen, durch eine Kartoffelpresse drücken und abkühlen lassen.

Die restlichen 2 kg Kartoffeln gut abtrocknen. In eine große Schüssel mit Deckel geben und schwefeln (siehe Reiberdatschi, Seite 136).

Das Toastbrot in Würfel schneiden und in der Butter goldbraun braten (Croûtons). Nun die rohen Kartoffeln fein reiben. Mit Kartoffelsäckchen fest auspressen und das Wasser auffangen. Darin enthalten ist Kartoffelstärke, die sich nach geraumer Zeit am Schüsselboden absetzt. Diese Stärke der Kartoffelmasse wieder zufügen, das Wasser abgießen. Die Masse etwas salzen und vorsichtig mit wenig kochenden Wasser übergießen. Durchkneten, dann die gepressten, gekochten Kartoffeln dazugeben und alles gut durchkneten. Ergibt eine feste, zähe und glatte Kartoffelmasse. Daraus nun Knödel formen. Den Teig mit zwei Fingern eindrücken, 4–5 Croûtons in die Mitte geben und die Knödel endgültig in Form bringen. Einen großen Topf mit Salzwasser zum Kochen bringen und die Knödel leicht köcheln lassen. Kartoffelknödel brauchen ca. 20 Minuten. Das Timing ist sehr wichtig, damit alles zur gleichen Zeit auf den Tisch kommt.

DER LAUWARME KRAUTSALAT:

Den Spitzkohl 3 Minuten in kochendem Salzwasser blanchieren und unter fließend kaltem Wasser nur ganz kurz abschrecken. Das Kraut sollte noch gut warm sein. In einem Seiher abtropfen lassen. Den Krautsalat mit den gebratenen Speckwürfeln und dem Fett, etwas Kümmel, gutem Sonnenblumenöl und Weinessig vermengen und mit Salz und Pfeffer abschmecken.

Alles zusammen servieren.

REST'L-VERWERTUNG:

Gröstl *siehe Seite 182*

Oder:

Eine SULZ herstellen!

150 g Gelatinepulver
allerlei Gemüse
(Karotten, Staudensellerie, Zucchini, Rote Beten etc.)
1,5 l kräftige Fleischbrühe
1 cl Cognac
20 ml Balsamessig
500 g Bratenreste, fein pariert
Weißer Pfeffer
ca. 10 g Salz

Das Gelatinepulver in kaltem Wasser quellen lassen. Das Gemüse in lange Streifen schneiden und kurz blanchieren. Sofort abschrecken.

Die Brühe erhitzen und die gequollene Gelatine einrühren. Mit Cognac, Balsamessig, Pfeffer und Salz vermengen. Die Fleischstücke und das Gemüse in eine Form schichten und die heiße Brühe darübergießen. Im Kühlschrank ca. 6 Stunden erkalten lassen. Die Sülze muss gut schnittfest sein. In Scheiben schneiden und servieren.

„Egal, was d' hast, a so a Suppn, de richt dich wieder z'amm!"*
Recht hat's, die Gruberin! Was die berühmte bayerische Kabarettistin Monika Gruber da mit einem markigen Satz ausdrückt, trifft nicht nur auf diese Suppe zu. Im Allgemeinen sagt man den Suppen wahre Heilkraft bei Erkältung, Schnupfen und Kater nach.

Aber die Leberspotzlsuppn ist schon eine meiner Lieblingssuppen.
Hat mir scho oft die Wadl wieder firi g'richt!*

** richt dich wieder z'amm = macht dich wieder gesund; die Wadl wieder firi richtn = wieder auf die Beine bringen*

LEBERSPOTZLSUPPN

Für 4 Personen

Des brauchst:

400 g Rinderleber
1 Bund frische Petersilie
20 g Butter
4 Eier
1 TL Abrieb von 1 unbehandelten Zitrone
200 g Mehl (Type 405)
50 g Semmelbrösel
1 ½ l gute Rinderbrühe
Muskat
Salz und frisch gemahlener schwarzer Pfeffer

Fleischwolf
2-facher Messersatz
2-mm-Scheibe
Spätzlehobel

Z'erst muasst:
Die Leber sauber parieren und durch den Wolf drehen (das kann eventuell auch der Metzger übernehmen). Die Petersilie waschen, trocken schütteln, abzupfen und fein hacken.

...und so geht's:
Alle Zutaten sollten zimmerwarm sein. Die Butter schmelzen und in einer Schüssel mit den Eiern verrühren. Leber, Petersilie und Zitronenabrieb einrühren, bis eine homogene Masse entsteht. Dann das Mehl und die Semmelbrösel unterrühren. Falls die Masse zu fest ist, mit einem Spritzer Rinderbrühe verdünnen. Mit Muskat, Salz und Pfeffer kräftig würzen. 1 Stunde ruhen lassen.

Die Rinderbrühe erwärmen. In einem großen Topf Salzwasser zum Kochen bringen und die Masse mit dem Spätzlehobel portionsweise in das sprudelnde Wasser einbringen. Immer wieder vorsichtig umrühren. Aufwallen lassen und die Leberspotzn nach 2 Minuten aus dem Wasser nehmen. Soll die Suppe erst später verzehrt werden, die Spotzn abschrecken und gegebenenfalls kühl stellen. Ansonsten kurz vor dem Servieren die Spotzn in die Brühe geben.

REST'L-VERWERTUNG:
Suppe kalt stellen, in den nächsten Tagen portionsweise aufwärmen.

Wenn's richtig g'macht is, ein Hochgenuss!
Oft von den heimischen Speisekarten verbannt, aber ein Klassiker.
Rinderbacken findet man selten in der Fleischtheke der Supermärkte oder der Discounter.
Also geht man zum Metzger seines Vertrauens und bestellt dort diese köstliche Kaumuskulatur vom Rindvieh, vorzugsweise vom Jungbullen. Sorgfältig gewaschen und sauber pariert, ist das unser Ausgangsprodukt.
Backen sind extrem zäh und mit viel Bindegewebe durchzogen. Dementsprechend lang ist die Garzeit.
Im Sous-vide-Verfahren (Vakuumgaren im Kunststoffbeutel) wären das satte 22 Stunden bei 85 °C!
Dafür hat man dann aber ein butterweiches, innen dunkelrotes Stück Fleisch.
Aber wer hat schon so ein Gerät dahoam? Drum machen wir's klassisch, wir schmoren es.
Ja, und die Rosskartoffeln, das sind Topinamburknollen. In der Jagd ein beliebtes Gewächs, da unverzichtbarer Bestandteil eines Wildackers. Diese Leibspeise der Wildsau ist in der Tat auch eine Delikatesse für uns.

G'SCHMORTE RINDSBACKERL

mit Rosskartoffestock

Für 4 Personen

Des brauchst:

FÜR DIE RINDERBACKEN:

2 kg Rinderbacken *vom Metzger parieren lassen*
(klingt viel, aber beim parieren und entfetten wird's viel weniger)
5 Schalotten   50 g Bratfett   ½ l Rinderbrühe   ½ l Portwein
100 g Tomatenmark   50 g Preiselbeerkonfitüre
Meersalz

FÜR DEN ROSSKARTOFFELSTOCK:

1 kg Topinamburknollen   500 g mehligkochende Kartoffeln   ½ l Milch   50 g Butter
1 EL Crème fraîche   Selleriesalz   weißer Pfeffer   Salz

ROSENKOHL:

1 kg Rosenkohl   1 EL Zucker
100 g geräucherter Speck   1 EL Olivenöl   Muskat
Salz und frisch gemahlener schwarzer Pfeffer

Z'erst muasst:

❶ Die Rinderbacken sorgfältig waschen und trocken tupfen. Falls noch nicht geschehen, von Adern und Fett befreien, jede Backe in zwei gleich große und möglichst gleich dicke Fleischstücke zerteilen.

❷ Die Schalotten abziehen und in dünne Ringe schneiden.

❸ Topinamburen und Kartoffeln waschen, schälen, halbieren und getrennt in Salzwasser weich kochen. Den Rosenkohl putzen.

…und so geht's:

❹ Den Backofen auf 120°C (Ober-/Unterhitze) vorheizen. In einer großen Pfanne das Butterschmalz stark erhitzen. Die Rinderbacken von allen Seiten scharf anbraten. Mit etwas Brühe ablöschen, dann den Portwein zufügen. Die Fleischstücke in einen Schmortopf legen, mit Meersalz salzen und beiseitestellen. Die Schalotten, das Tomatenmark, die Preiselbeeren und den Rest der Brühe in die Pfanne geben und etwas reduzieren. Dann alles über die Fleischstücke in den Schmortopf geben. Deckel auflegen und ab in den Ofen. Nach ca. 6 Stunden sind die Backerl butterweich.

❺ Für den Rosskartoffelstock die Milch erhitzen. Topinamburen abgießen und mit dem Stabmixer pürieren. Die Kartoffeln durch die Presse drücken. Topinambur, Kartoffeln und Butter mit einem Schneebesen verrühren. Die heiße Milch nach und nach dazugeben und schön schaumig schlagen. Crème fraîche hinzufügen und mit Salz, Selleriesalz und weißem Pfeffer abschmecken.

❻ Den Rosenkohl mit dem Zucker in kochendes Salzwasser geben und garen – je nach Geschmack fest oder etwas weicher. Kohl ist bekömmlicher, wenn er nicht zu hart ist. Mit kaltem Wasser abschrecken und beiseitestellen. Den Speck würfeln und in dem Öl goldgelb anbraten.

❼ Den Rosenkohl kurz vor dem Anrichten in der Öl-Speck-Mischung erhitzen und mit Salz, Pfeffer und Muskat abschmecken.

REST'L-VERWERTUNG:

Backerl einfrieren.

Rindsg'nack ist wohl das saftigste Stück vom Rindvieh.
Fein von Fett durchzogen und von charakteristischem Geschmack. Und für einen Zwiebelrostbraten muss es ja nicht immer eine Lende sein. An den Bratkartoffeln scheiden sich die Geister. Die oana mögen's pappert, die andern mögen's resch. Ehrlich g'sagt: So an Bampf mog i ned. Resch* müssen's sein und gut durchgebraten. Gar ned so leicht. Wichtig ist die richtige Wahl der Kartoffel. Eine gute, speckige und festkochende Sorte sollt' es sein. Und wenn man's schon am Vortag kocht, wird's umso besser.*

Für 4 Personen

RINDSG'NACK

mit Zwieweln und Bratkartoffe

Des brauchst:
4 Rinderschnitten vom Halsgrat (à 250–300 g, 3 cm dick)
2 große Gemüsezwiebeln
3 Stangen Staudensellerie
3 Karotten
1 Petersilienwurzel
3 Schalotten
250 g Butterschmalz
50 ml Pflanzenöl
1 kl. Dose Tomatenmark
1 l Fleischbrühe
125 ml Rotwein
Selleriesalz
1 EL Worcestersauce
1 EL Johannisbeergelee
frisch gemahlener schwarzer Pfeffer

FÜR DIE BRATKARTOFFELN
2 kg festkochende Kartoffeln
50 g Butterschmalz
4 EL Bratfett
Muskat
Salz und frisch gemahlener schwarzer Pfeffer

Z'erst muasst:
❶ Die Kartoffeln am Vortag kochen. Die Rinderschnitten am Rand entlang mit einem Metzgerfaden umwickeln und kompakt verzurren. Dann bleiben die Fleischstücke saftig und sehen auch schöner aus. Das erfordert zwar etwas Fingerfertigkeit, aber die Mühe lohnt sich. Die Zwiebeln am besten mit einer Brotschneidemaschine in dünne Ringe, die Kartoffeln in möglichst gleichdicke Scheiben schneiden. Das Gemüse in kleine Würfel schneiden, die Schalotten fein hacken.

...und so geht's:
❷ 50 g Butterschmalz und 2 EL Pflanzenöl in eine heiße Pfanne geben und die Rinderschnitten darin scharf anbraten. Aus der Pfanne nehmen, salzen, pfeffern und ca. 1 Stunde in den auf 70 °C vorgeheizten Ofen geben. Das Tomatenmark, das Gemüse und die Schalotten in den ausgetretenen Bratensaft geben und gut anbraten. Mit Brühe ablöschen und einkochen lassen.

❸ Die Kartoffeln in einer separaten großen Pfanne in Butterschmalz braten. Der Trick ist, die Scheiben flach auslegen und erst die eine Seite gut braun werden lassen, dann umdrehen. Abschmecken mit Salz, Pfeffer und Muskat. Für die Gemüsezwiebeln das restliche Butterschmalz mit den restlichen Öl in eine Pfanne, am besten einen Wok, geben und gut heiß werden lassen. Die Zwiebelringe in kleinen Portionen reingeben und goldbraun braten. Wenden nicht vergessen. Mit dem Schaumlöffel nach kurzer Zeit entnehmen, bevor sie zu braun werden. Das geht sehr schnell. Auf Küchenpapier lose ablegen und abtropfen lassen. So werden die Zwiebeln schön resch.

❹ Die Sauce mit Rotwein angießen, etwas einkochen lassen und durch ein Sieb passieren. Mit Selleriesalz, Worcestersauce, Johannisbeergelee und Pfeffer abschmecken. Aufkochen lassen und beiseitestellen. Die Fleischpfanne reinigen und Bratfett heiß werden lassen. Nun die Fleischstücke aus dem Ofen nehmen und nochmals kurz anbraten. Anrichten mit den Zwiebeln, Sauce und Bratkartoffeln.

** Rindsg'nack = Rindsnacken; resch = kross, knusprig; Bampf = Brei*

Tante Käthe war die Schwester meines Großvaters. Eine zierliche, feine Frau und eine exzellente Köchin zugleich. Von ihr stammen etliche Familienrezepte. Ihr Käsekuchen war allerdings etwas ganz Spezielles. Das Besondere daran war der bräunliche Saft, der schier unaufhörlich aus dem Boden des Kuchens quoll. Nach dem Genuss dieser Köstlichkeit wurden die Erwachsenen immer lustiger und redseliger. So gern wir das als Kinder auch mal probieren wollten, es blieb uns verwehrt. Warum? Die bräunliche Flüssigkeit stellte sich als Rum heraus. Tante Käthe hatte zeitlebens eine Bedienstete, die „Lolo" an ihrer Seite. Sie war eine treue Seele, ein großes Herz auf Beinen und bis zu ihrem Tod bei der Familie. Wenn Tante Käthe wieder mal der Rum „ausgekommen" war, mit anderen Worten viel zu viel Hochprozentiges in den Kuchen wanderte, entlockte dieses Missgeschick der Tante Käthe höchstens ein „Hoppala!", während Lolo sachkundig anmerkte: „Kein Problem, gnädige Frau, des verfliegt beim Backen!"

Na ja, heimlich haben wir uns dann doch mal selbst bedient. „Habt ihr aber brave Kinder!", bemerkte Tante Käthe, als wir schließlich friedlich schlummernd auf der großen Couch lagen. Und unsere Eltern wunderten sich, denn das war schon sehr verdächtig. Wenn ich ihn heute nachbacke, bin ich recht vorsichtig mit dem Rum. Den trinke ich lieber zur Zigarre.

B'SUFFANA KASKUACHA*

von da Tante Käthe *Für 1 Kuchen*

Des brauchst:

FÜR DEN TEIG:

80 g Zucker
80 g Margarine
1 Ei
220 g Mehl
½ Packerl Backpulver

FÜR DIE FÜLLUNG:

80 g Rosinen
100 ml Rum (45 Vol.-%)
125 g Margarine
225 g Zucker
1 Packerl Vanillezucker
1 Packerl Vanillepuddingpulver
3 Eier
500 g Quark
200 g Schmand
200 g Sahne

Z'erst muasst:
Die Rosinen im Rum eine Nacht ziehen lassen.

...und so geht's:
Den Backofen auf 180 °C (Ober-/Unterhitze) vorheizen. Die Teigzutaten in die Rührschüssel der Küchenmaschine geben. Mit Knetwerkzeug zu einem glatten Teig kneten. Beiseitestellen.

Margarine, Zucker, Vanillezucker, Puddingpulver und die Eier mit dem Schneebesenaufsatz glatt verrühren. Dann Quark und Schmand dazugeben und vermischen. Die „beschwipsten" Rosinen samt dem Rum beigeben und vermengen. Den Schlagrahm steif schlagen und zuletzt unterheben.

Eine Springform (28 cm Ø) gut einfetten. Den Teig gleichmäßig bis zum Rand verteilen und ca. 5 cm hochziehen. Die Oberfläche nach Belieben mit Rum beträufeln und die Füllung gleichmäßig verteilen. Im Backofen 1 Stunde backen. In der Springform erkalten lassen, diese dabei jedoch auf ein Backblech stellen, denn der Kuchen kann Flüssigkeit (Rum) verlieren.

** b'suffa = besoffen, hier „mit Schuss"; Kaskuacha = Käsekuchen*

Weihnachten, Kiata, St. Martin, Erntedank oder einfach a' Fest'l – Zeit für den klassischen Feiertagsbraten in Bayern. „Den Herrn Pfarrer lad'n mia a ein!" Darum heißt das Filetstück der Gänsebrust auch „Pfaffenschnitzel". „A' zach's* Luada war's, wahrscheinlich scho' 1000 Flugstunden am Buckel", hab ich nicht selten von meiner Mutter gehört, wenn die Familie am ersten Weihnachtsfeiertag wieder mal mühsam kauend, den Blick in den Teller gesenkt, auf ihre Ansage wartete. Ja, sie war wirklich zach, die Gans. „Des nexte moi nemma a' g'frorene aus Polen." Ideen dieser Art reichten von der besagten „Polnischen" bis zur Mastgans aus dem Elsass. Wie auch immer, mal waren sie zart, mal waren sie zach, schmeckten mal wirklich nach Gans, mal nur nach gewöhnlicher Pute. Qualität ist kein Wunschkonzert, man muss schon danach suchen. Eine junge Gans sollte es sein, das Brustbein weich, zum Eindrücken, gut mit Kerndl g'füttert, am besten vom Bauern aus dem Nachbardorf. Trotz bester Auslese war die Gans einmal gut, ein andermal halt nicht. Sei's drum, zach oder zart, a Gans muass her.*

** Kiata = Kirchweih; zach = zäh*

S' GANSERL

MIT BLAUKRAUT UND MARONEN

Für 6–8 Personen

Des brauchst:

1 gute, junge Gans · 2 Äpfel (säuerlich, z. B. Boskop)
Salz und frisch gemahlener schwarzer Pfeffer

FÜR DAS BLAUKRAUT:

1 Kopf Blaukraut · ½ l Rotwein · 250 ml Rotweinessig · 1 rote Zwiebel · 100 g Gänseschmalz
2 Äpfel (säuerlich, z. B. Boskop) · 3 EL Zucker · 10 Lorbeerblätter
3–4 Zimtstangen · 3 Nelken · 2 Gläser Preiselbeeren · 2 Gläser Schwarze Johannisbeerengelee
1 Zitrone · Salz und frisch gemahlender schwarzer Pfeffer

FÜR DIE MARONEN:

500 g Maronen · 50 g Butter · 20 g Zucker · 4 cl Marsala

FÜR DIE KARTOFFELKNÖDEL:

siehe Schpofacke, Seite 198

Metzgergarn

Z'erst muasst:

❶ Die Gans sauber waschen und, falls noch nicht passiert, die Innereien rausnehmen. Die Flügel mit den Knochen links und rechts abtrennen und aufbewahren. Üblicherweise hat der Vogel am Hinterteil links und rechts Fettpolster. Diese entfernen, wie auch überhängende Hautlappen vom Kragen. Innen und außen salzen und pfeffern. Die beiden Äpfel in die Öffnung schieben und gegebenenfalls mit Metzgergarn vernähen.

❷ Den Krautkopf der Länge nach halbieren und den Strunk rausschneiden. Das Kraut mit Brotschneidemaschine in dünne Streifen schneiden. In eine große Schüssel schichten und mit dem Rotwein und dem Rotweinessig übergießen. Abdecken und ca. 6 Stunden ziehen lassen.

❸ Die Maronen mit einem Tourniermesser schlitzen und in Salzwasser 30 Minuten köcheln.

REST'L-VERWERTUNG:

Übrige Knödel erkalten lassen, mit Küchenfolie abdecken (sonst wird der Rand hart) und kühl stellen. Klassisches Gröstl mit Rührei und eventuell noch Gansreste. Übriges Rotkraut portionieren und einfrieren. Gänsefett für das nächste Rotkraut/Blaukraut aufheben oder ein Schmalzbrot essen.

...und so geht's:

Gans:

Je nach Größe des Tiers und Beschaffenheit des Ofens braucht eine Gans zwischen 3 ½ und 4 Stunden. Den Backofen auf 140 °C vorheizen. In einen geeigneten Bräter die beiden Flügelteile als Unterlage platzieren und die Gans mit der Brustseite nach oben darauflegen. Ab in den Ofen damit. Eine Gans ist mehr oder weniger fett, aber nach etwa einer Stunde sollte sich ein Großteil des Fetts rausgebraten haben. Den Bräter aus dem Ofen nehmen, die Gans auf ein Brett legen, das Fett abgießen und erkalten lassen. Die Temperatur auf 180 °C erhöhen, die Gans in den Bräter zurück und wieder ab ins Rohr. Ab und zu mit einem Pinsel oder Arosierlöffel mit etwas Wasser benetzen. Achtung: nur bis Ende des zweiten Drittels der Gesamtbratzeit, sonst wird die Haut lätschert. Eventuell nochmals Fett abgießen. Den entstehenden Bratensaft mit Wasser löschen, die Ränder des Bräters wiederholt mit einem Spatel abkratzen, das ergibt eine wunderbare Basis für die Sauce. Wenn die Haut schön knusprig ist, ist die Gans fertig.

Blaukraut:

Die Zwiebel fein hacken, einen großen Topf erhitzen und die Zwiebel im Gänseschmalz (kann man unter Umständen von der letzten Gans nehmen) glasig braten. Die Äpfel schälen, fein reiben und mit dem Zucker und den Zwiebeln vermischen. Nun das Kraut mit der Marinade in den Topf geben und leicht anbraten. Lorbeerblätter, Zimtstangen sowie Nelken dazugeben und köcheln lassen. Nach ca. 1 Stunde die Preiselbeeren und das Schwarze Johannisbeergelee dazugeben und fertigkochen. Abschmecken mit Zitronensaft, Salz, Pfeffer und bei Bedarf auch etwas Zimt. Lorbeerblätter und Zimtstangen vor dem Servieren entfernen.

Karamellisierte Maronen:

Eine Pfanne erhitzen, die Butter darin schmelzen, die geschälten Maronen dazugeben, den Zucker darüberstreuen und die Maronen leicht braun werden lassen, schwenken, dann beiseitestellen. Erst wenn alles andere fertig ist, die Pfanne wieder gut erhitzen, Marsala dazugeben und flambieren. Beim Gasherd einfach die Pfanne etwas seitlich zur Flamme kippen, sollte daraufhin sofort brennen. Schwenken, fertig. Bei Induktions- und Elektroherden bitte ein Feuerzeug zum Flambieren verwenden und vorsichtig sein. Alles zusammen servieren.

Den besten Kaiserschmarrn gibt's in meiner ehemaligen jagdlichen Heimat Tirol: Die Ascher-Wirtin in Brandenberg macht ihn watschn-einfach. Kein großes Tamtam wie so oft bei den Fernsehköchen mit Eischnee, karamellisiertem Rumzucker und weiß Gott noch was, nicht einmal mit Milch. Ja, da host richtig g'hört, koa Milli. Nur a Kracherl, a Sprudelwasser, nimmt's dafür her, die Annelies!

Wieder amoi geht a sakrisch scheena Dog auf da Alm zu Ende. Papa und die Kids, so die Mannschaftsaufstellung. Vollkommen erschöpft, die Bergschua batschnass, stapfen sie den kleinen Pfad zur Hütt'n hoch. Den ganzen Tag über warn's ned zum seh'n. Oamoi auf der Nachbaralm, beim „Duscher"-Bauern, weil do gibt's a guate Rutschn für die Oarschblattl, andermoi ganz oben auf'n Berg mit die Rodel. G'hört ho ma's scho', vor allem wenn's a bissl z'gach obi ganga* is und die ganze Bande den Steilhang durch'n Schnee runterkugelt! Aber jetzt sind sie müde und hungrig. Drei große Augenpaare fordern Soforthilfe. Eine pfundige Brotzeit soll's sein!*

Immer wieder ein Wunder, was in hungrige Kinder alles reinpasst! Noch mit vollem Mund sagt Bianca: „Bitte noch Kaiserschmarrn!" Ich kann's nicht fassen! „Morgen dann, eich wird's ja sonst no schlecht." – „Du hast's aber versprochen!", kontert sie. Stimmt, ich hatte es versprochen. Schließlich gewinne ich, und es gibt halt heit koan Kaiserschmarrn. So langsam fallen den Kids die Augen zu. Ab ins Bett, morgen is aa no a Dog. Es wird ruhig auf der Hüttn, und auch ich bin müde. Mitten in der Nacht steht Bianca vor mir und schüttelt mich unsanft wach: „Du hast's aber versprochen! Papa, Kaiserschmarrn!" Sie gibt nicht auf. Also, was mache ich um Mitternacht? Kaiserschmarrn!

** Oarschblattl = Poporutscher; z'gach obi ganga = zu steil hinunter gegangen*

Für 3 Portionen

KAISERSCHMARRN

Des brauchst:

FÜR DEN KAISERSCHMARRN:

5 gut gehäufte EL Weizenmehl (Type 405) ca. ½ l Mineralwasser 5 Eier 50 g Butter 50 g Butterschmalz 3 EL Rosinen 3 EL Puderzucker Salz

FÜR DAS APFELKOMPOTT:

1 kg mild säuerliche Äpfel (z. B. Cox Orange, Crisp Pink) 120 g Zucker 1 unbehandelte Zitrone 2 Zimtstangen 3 Nelken

FÜR DAS ZWETSCHGENKOMPOTT:

500 g Zwetschgen 250 g Zucker Abrieb von 1 unbehandelten Zitrone 1 Zimtstange 2 Nelken

Z'erst muasst:

❶ Für das Apfelkompott Äpfel schälen, halbieren, Kerngehäuse und Blütenrest entfernen. In schmale Spalten schneiden. Zitrone waschen und die Schale abreiben. Halbieren und eine Hälfte auspressen. Äpfel mit ¼ l Wasser, Zucker, Zitronenschale, einem Schuss Zitronensaft, Zimtstangen und Nelken weich kochen. Braucht ca. 1 Stunde. Vor dem Servieren Zimtstangen und Nelken entfernen.

❷ Für das Zwetschgenkompott die Früchte waschen, halbieren und entkernen. Zwetschgen mit Zucker, 250 ml Wasser, dem Zitronenabrieb, der Zimtstange und den Nelken weich kochen. Kalt stellen. Vor dem Servieren Zimtstange und Nelken entfernen.

❸ Für den Teig Mehl in eine Rührschüssel geben, eine Prise Salz dazugeben und mit dem Schneebesen das Mineralwasser einrühren. Der Teig soll dünnflüssig sein. Die Eier dazugeben. Noch nicht unterrühren.

REST'L-VERWERTUNG:

Gibt's ned, bleibt eh nix übrig!

...und so geht's:

❹ Eine Pfanne mit ca. 6 cm hohem Rand und Deckel erhitzen, Butter und Butterschmalz darin heiß werden lassen.

❺ Nun den Teig mit dem Schneebesen gut schlagen, Rosinen unterrühren und den Teig direkt in die Pfanne geben. Deckel auf die Pfanne setzen. Nach einer Weile beginnt der Schmarrn zu „singen", und ein köstlicher, buttriger Duft entsteigt der Pfanne. Den Teig mit einem Spatel vorsichtig anheben und nachschauen, ob der Boden bereits goldgelb bis braun ist. Wenn ja, mit dem Spatel den Schmarrn in vier Stücke teilen und wenden. Wer glaubt, mit einem gekonnten Profischwung den ganzen Kuchen wenden zu können, sollte bedenken, dass noch viel Fett in der Pfanne ist und das Experiment böse, beispielsweise mit verbrannten Fingern, enden kann. Mindestens gibt's eine Riesensauerei, wenn das Fett durch die Gegend spritzt.

❻ Deckel wieder aufsetzen und die andere Seite goldbraun braten. Deckel abnehmen, einen Teil des Puderzuckers auf der Oberfläche verteilen und mit zwei Spateln den Schmarrn auf dem heißen Herd grob zerteilen. Immer wieder etwas Puderzucker zufügen. Dieser karamellisiert und gibt einen feinen Geschmack. Wie klein man den Schmarrn schneidet, ist Geschmackssache. Ich bevorzuge relativ große Stücke, weil's halt auch besser aussieht. Zum Schluss den restlichen Puderzucker gleichmäßig auf der Oberfläche verteilen und nicht mehr rumstochern. In der heißen Pfanne servieren, das Kompott dazu reichen.

FAMILY
FESTZELT
MÜNCHEN

UND WOAST WAS? MIA HAMM OIS GESSN!

Nun ist es fertig, das erste Kochbuch der Faltermeyers! Zefix Opa, wärst Du noch unter uns, hättest Du es sicher geschrieben. Alle Bilder der Gerichte in diesem Buch sind echt. Aus dem Ofen vor die Linse. Nicht gelackt, gesalbt oder gepudert, nicht mit Farben verschönert. Nach den Fotoshoots haben wir alles gegessen. Wir sind ja eine Großfamilie und haben Gott sei Dank viele hungrige Freunde. Darauf sind wir sehr stolz, denn Verschwendung ist nicht unser Ding.

So ein Buch macht man nicht alleine. Wie armselig und farblos wären all diese Seiten ohne die wunderschönen und appetitlich dekorierten Bilder? Wie trist die Rezepte ohne die zahllosen überlieferten Aufzeichnungen und Anekdoten unserer Familie, unserer Freunde und Weggefährten? In diesem Sinne möchten wir uns ganz herzlich bei den Menschen und guten Geistern bedanken, die wesentlich zum Gelingen dieses Werks beigetragen haben. Allen voran bei Birgitt, diesem unermüdlich arbeitenden, kämpfenden, an uns glaubenden und Menschen-vernetzenden Wesen. Das Besondere an diesem Teamwork war der starke Zusammenhalt. Wenn es brenzlig wurde, haben wir alle zusammengehalten, uns gegenseitig unterstützt und dabei nie den Spaß vergessen.

Danke Karin, dass Du so viel Zeit investiert hast, um uns mit Rat und Tat zu assistieren. Und Dir Flo, dass Du immer angepackt hast, wenn Not am Mann war. Lieber Felix, ohne Dein Auge für bildliche Ästhetik und Dein Fachwissen wäre das ein oder andere Motiv nicht entstanden und schon gar nicht unser originelles Cover. Danke, Markus, dass ich durch dein Objektiv einen anderen Blick auf unsere Rezepte werfen konnte. Liebe Michaela, Deine Trachten verschönern unseren bayerischen Lebensstil.

Danke Queen Mom, wir brauchen Dich, denn Du weißt einfach alles! Und Dir danke Ralf, für Dein Wissen über die internationale Küche, das Du mit uns geteilt hast. Romy, Du Kuchengöttin, bist Teil unserer Familie und das schon mehr als 60 Jahren. Martina und Stanko, Euch verdanken wir, dass wir uns an den schönsten Salaten und Gemüsen im eigenen Garten bedienen können. Und Claudia, Du bist uns sehr wichtig – wir sagen bloß Moosbinocken …

Lieber Ingo Swoboda, tausend Dank für das Vertrauen, uns zu einem Kochbuch zu überreden. Allen Mitarbeitern vom Umschau Verlag und unserer Lektorin Barbara Kagerer, danke für euer Engagement.

Harold und Bianca

REGISTER

IMPRESSUM

© 2017 Neuer Umschau Buchverlag GmbH,
Neustadt an der Weinstraße

Alle Rechte der Verbreitung in deutscher Sprache, auch durch Film, Funk, Fernsehen, fotomechanische Wiedergabe, Tonträger jeder Art, auszugsweisen Nachdruck oder Einspeicherung und Rückgewinnung in Datenverarbeitungsanlagen aller Art, sind vorbehalten.

TEXT
Harold Faltermeyer, Baldham

REDAKTIONELLE MITARBEIT
Birgitt Wolff, Baldham

FOTOGRAFIE (INNENTEIL)
Bianca Faltermeyer, Baldham

FOTOGRAFIE (UMSCHLAG)
Felix Beßner, München

REDAKTION
Corinna Nikolaus, Neustadt an der Weinstraße

LEKTORAT
Barbara Kagerer, München

GESTALTUNG
Tina Defaux, Neustadt an der Weinstraße

SATZ
Tina Defaux, Neustadt an der Weinstraße
Kaisers Ideenreich, Rhodt unter Rietburg

DRUCK
Nino Druck, Neustadt an der Weinstraße

A ganz b'sondres Dankschee an:

Fritz Kagerer
www.kagerer-seafood.de

Michaela Keune
www.keune-sports.com/www.MichaelaKeune.de

Michael Klemera
www.luistrenker.com

Oliver und Gerhard Kugler
www.kugler.de

Peter Lehner
www.metzgerei-lehner.de

Printed in Germany

ISBN 978-3-86528-844-8

Besuchen Sie uns im Internet
www.umschau-buchverlag.de